JN203875

再論　朝鮮人強制連行

飛田雄一

三一書房

まえがき

朝鮮人強制連行の問題を最初に提起されたのは朴慶植先生です。朴先生が『朝鮮人強制連行の記録』を出されたのが一九六五年、日韓条約が結ばれようとしていた時期でした。先生が資料を集め、多くの強制連行の現場を訪問されてまとめられたのがこの本でした。一九七〇年代には、朝鮮人強制連行真相調査団が各地で結成され調査が進められました。その成果は何冊かの本として出版されています。

また一九七六年六月から朴先生が中心となって在日朝鮮人史研究会がつくられ、現在も関東部会（代表・樋口雄一）、関西部会（代表・飛田雄一）が研究を継続し、機関誌『在日朝鮮人史研究』を出しています。

朴先生が亡くなられたあとその機関誌に私は以下のような文章を書いています。

関西部会が発足した時（一九七九年二月）、朴先生は毎月神戸まで来て下さった。一年半ほどだと思う。本だけで先生を知っているメンバーにとって、生き字引ともいえる先生を囲む研究会は本当に魅力的なものだった。

当時ＪＲ鷹取駅付近にあった青丘文庫での研究会が終わると、決まって近くの飲み屋で二次会を開いた。そして、神戸学生青年センター泊まりの朴先生と地元組は三宮あたりで三次会……となるのである。ときにはスナックでカラオケを歌うが、朴先生の歌は、お世辞にも上手と言えず、テンポも独自？ だった。神戸に泊まる気安さからか、夜遅くまでよく飲まれた。

宇奈月温泉で関東・関西部会の合同合宿をした時、もう一日足を延ばして祖母谷温泉までご一緒した。かなり歩いておくたびれのようだったが、河原の大きな露天風呂では、子どものようにはしゃいでおられた。

私の職場・神戸学生青年センターでも「天皇制と朝鮮」「体験で語る解放後の在日朝鮮人運動」等の講演をしていただいた。「講演会の前にビールを飲んだのは、エンジンのかかりの遅い先生のピッチを上げるためだったのですよ」と言えば先生は天国で笑ってくださるだろうか。なつかしい思い出となっている。

「強制連行・強制労働を考える全国交流集会」が九〇年から始まっており私も世話人のひとりとなっている。この交流集会を先生は非常に喜んでくださり、毎年参加された。昨年（九七年）八月の第八回島根集会でも、シンポジウムで調査活動の必要性を熱心に語られていた。朝鮮人強制連行問題は六〇年代に先生が蒔かれた種を、各地の調査グループ・

個人が刈り取る、あるいは刈り取ろうとしていることになるが、それぞれがその意識を持っているように思う。

また時には、交流集会に『在日朝鮮人史研究』等をご自身で持参し、販売されている姿に驚いた参加者も多い。活動のために労をおしまず自身で体を動かされるのは、先生の作風といえるものだと思う。

先生はわれわれ若いもの（少なくとも当時は）を仲間として受け入れて下さった。やり残された仕事をわれわれができるのか。本当に心許ないが、その一部分でも担っていきたいと思っている（『在日朝鮮人史研究』28号、1998・12）。

私自身がここに書いたような仕事ができているという自信はありません。しかし、朴先生の志を受け継ぐ者たちが、一九九〇年代には「全国交流集会」で毎年出会い、情報交換を進めながら調査活動を進めてきました。その後も交流を続けて、強制動員真相究明ネットワーク研究集会などで調査研究の成果を発表しています。

本書は、第1部では総括的なふたつの講演録を収録しました。第2部では、アジア・太平洋戦争時における神戸港の朝鮮人・中国人・連合国軍捕虜のことをまとめて収録し、〈神戸港 平和の碑〉建立にいたる経緯についても記録しました。このテーマについては、前著『心に刻み、石に刻む――在日コリアンと私』（三一書房、２０１６）に収録している論文を参照いただければ幸いです。第3部には関連する論考を収録しました。

第4部には、全国交流集会、真相究明ネット研究集会の記録等、主に『むくげ通信』に掲載したものを収録しました。旅行記的に書いていますが、それぞれの集まりの雰囲気を伝えることができているのではないかと思います。私は全国交流集会にあわせて、『朝鮮人・中国人強制連行・強制労働資料集』を金英達さんと共編で、一九九〇年版から九四年版まで五冊発行しました（九二年版と九四年版のみ在庫があります）。この時期は強制連行調査が全国的に進み地方紙にも多くの関連記事が掲載されましたが、資料集はその一年間の記事を収録し、単行本・論文の目録を掲載したものです。それぞれの講演、論考等はその時々に発表した独立したものになっています。内容に重複がありますがお許し下さい。他に強制連行関連図書の書評等、収録したかったものもありますが、紙数の都合で省略しました。

本書が朝鮮人強制連行の歴史研究の一助となり、その実相を更に明らかにしていくために役立つことを願っています。

目　次

まえがき／2

第1部　講演録……9

歴史を刻む――神戸の外国人／9

強制連行真相究明運動の展望／40

第2部　神戸港 平和の碑……69

〈神戸港 平和の碑〉の建立と朝鮮人・中国人・連合国軍捕虜の強制労働／69

〈神戸港 平和の碑〉に込められた思い――アジア・太平洋戦争と朝鮮人・中国人・連合国軍捕虜／81

第3部　論考……93

真の国際的共生への道――戦後責任を果たすために今なすべきこと／93

兵庫の在日朝鮮人史研究を再スタートさせましょう／101

「朝鮮人強制連行実数カウントプロジェクト」の提案／118

韓国強制動員真相究明法、その後／137

再論／一九四六年強制連行「厚生省名簿」／151

第4部　交流集会他……157

「11・11戦争責任を考える集い in マッシロ」に参加して／157

神戸大学農場に朝鮮人強制連行跡地を訪ねて――兵庫県加西市・鶉野飛行場／163

訪問記「北海道開拓記念館・防衛研究所図書館」／169

第五回朝鮮人・中国人強制連行・強制労働を考える全国交流集会に参加して／177

「第一〇回朝鮮人・中国人強制連行・強制労働を考える全国交流集会 in きゅうしゅう」参加の記／183

朝鮮人強制連行　神岡・高山フィールドワーク／187
篠山に在日朝鮮人の足跡を訪ねる／191
第七回強制動員真相究明全国研究集会――「強制動員問題解決への道」&京都フィールドワーク／195
強制動員真相究明ネットワーク・宇部集会&長生炭鉱フィールドワーク／201
戦後六四年後の奇跡のような朝鮮人死亡者名判明――筑豊朝鮮人強制連行フィールドワークより／205
名古屋強制動員真相究明集会&フィールドワーク／211
第一〇回強制動員真相究明全国研究集会――松本／217
三月の沖縄は、あつかった！　第一一回強制動員真相究明全国研究集会などなど／222
「明治産業革命遺産」と強制労働――長崎集会／226

あとがき／234

第1部　講演録

歴史を刻む――神戸の外国人

はじめに

私はまったくの神戸生まれ、神戸育ちです。兵庫区の平野に生まれて、それからすぐ元町の上の再度筋に中学、高校時代と住み、そして垂水、灘と引っ越しをして、現在に至っています。高校は兵庫高校に通いました。

湊川も私の遊び場で、またハイキング派で六甲山も歩き尽くしました。六甲山を好きな人は多いですが、私も結構登っています。普通の登山地図にある赤色の道は、ほとんど行ったことがありますし、それ以外の道もだいぶん回りました。最近はサイクリング派です。六甲山のてっぺんまで自転車で登ったり、去年は韓国の済州島二五〇キロを自転車で一周してあきれられたりしました。

昔からスポーツ好きでしたが、歴史好きということはありませんでしたが、いろんな関係から地域の歴史、主に在日朝鮮人の歴史を調べるようになりました。そうしたら、やはりその歴史の現実感というか、子どもの頃に遊んだ所がどうだったのかというのが非常に気になりました。

神戸電鉄敷設工事に関わった朝鮮人について

最初は、神戸電鉄敷設工事に関係した朝鮮人のことを調べました。金城実さんにつくっていただいたモニュメントも地震（阪神・淡路大震災、一九九五年一月一七日）の翌年に会下山（えげやま）公園の一角に造ることができました。

神戸地区県立学校人権・同和教育研究協議会研修会にて、2008.8.25

一九二〇年代、三〇年代に神戸電鉄の工事で一三名の朝鮮人が亡くなっているんです。会下山付近の川崎病院の所に「東山トンネル」というのがありますが、犠牲者が出るとは思われないような規模のトンネルで、死亡事故があったということです。

戦時下の神戸港、居留地、南京町

神戸港のことは七~八年前から調べるようになりました。神戸港は朝鮮人や中国人が強制連行されて、たくさん働かされています。それから連合軍の捕虜も働かされていました。連合軍の捕虜というのは、アメリカ、イギリス、オランダ、オーストラリアなどの捕虜です。

神戸港は兵庫の泊から始まって、だんだん東の方に発展していったと聞いています。現在、三菱造船所と川崎造船所が二つありますけど、戦争中は軍事的色彩の強い港だったと思います。だから空襲も神戸港が中心になりました。一九四五年の三月と六月の空襲はひどいものだったと、母親から聞いています。母親は戦争中、こののじぎく会館のあたりに住んでいて、空襲の時に母親は子どもだったんですが、三月の空襲ではきれいな仕掛け花火のように、山手の方から港の方に焼夷弾が落ちていくのが見えたと、話してくれたのを覚えています。ですから空襲は、最初はそういう軍需施設を中心に行なわれたんだと思います。

華僑歴史博物館の館長さんの話ですと、神戸港は諸外国から開国を迫られ、居留地ができます。市役所から東の方に欧米風の建物が並ぶ居留地があって、その西はずれに南京町があります。今の居留地はグッチが入ったりして、格好いい街に変身していますが、昔は居留地には中国人は住むことができなかったそうです。欧米人にだけ開かれた居留地を作って、「居留地警察」まで作り、今以上にもっと隔離された地域だったと思います。

中国の華僑は貿易に長けた人が来ていました。西洋人の個人宅にペンキを塗ったりするペンキ職人や、経理のできる人も多い。そして、そういう技術を持つ中国の華僑を、居留地に住む欧米人が必要としていたんですね。

ですから、今の南京町の辺りを中心にして、ちょっとした空き地等を利用して中国人が仕事を始めたんです。一般的に〈三つの刀――裁縫・散髪・包丁〉と言われる仕事に中国人が多いと言いますけど、それ以外にもそういう仕事をしていたということです。僕の高校の時の同級生にも、今の神戸大学医学部のあたりで親が散髪屋をしていた中国人の友だちがいました。中華同文学校出身の生徒が兵庫高校にも入学していましたから、そういう中国人との接触は結構あった方だと思います。

連合国軍捕虜のジョン・レインさんについて

先ほど、神戸には朝鮮人・中国人・連合軍捕虜の三グループがいたと言いましたが、まず連合国軍捕虜のお話をしたいと思います。

私たちの会、「神戸港における戦時下朝鮮人・中国人強制連行を調査する会」は、最初は中国人と朝鮮人のことを調査しようという会でした。

連合国軍捕虜が神戸港で働かされていたことは一応分かっていましたので、世の中に訴えるときに、朝鮮人と中国人のことだけではなく、連合国軍捕虜のことも世の中に発表した方が受けいれられるのではないかという、そんな考えもあって調査を始めたんです。

でもそんな考えは間違っていました。朝鮮人が一番大変だったとか、いや中国人だったとか、その次が連合国軍捕虜だったとか、そんな単純なものじゃなくてそれぞれに大変な目に遭っているわけです。

いろんな人が協力してくれたので、連合国軍捕虜のことも調査でき、神戸でどんな目にあったかということもそれなりに分かりました。

そして、オーストラリアの人でジョン・レインさんという、当時二〇歳でシンガポールで日本軍の捕虜となり、神戸の捕虜収容所に連行された方を神戸にお呼びすることになりました。ジョン・レインさんの手記『夏は再びやってくる』がオーストラリアで出版されているという情報が入りました。そしてその本が絶版になった後は、ホームページにそのままアップされていたので、日本での翻訳出版の許可を得て、メンバーの平田典子さんが翻訳してくれました。

出版記念会の時にはジョン・レインさんご夫妻に神戸まで来ていただきました。ご病気で来れるかどうか心配だったんですが、来てくださいました。

関空まで迎えに行ったんですが、関空からのバスの中から「KAMIGUMI」「上組」の看板をみて、「あそこだ、あそこだ」と言って、そこで働いていたことを話してくれました。上組の西宮と神戸の倉庫で働かされていたそうです。そこで南京豆をくすねたりした経験があるそうです。彼はシンガポール上陸後、三週間ほどで日本軍に掴まってしまい、そのシンガポールから直接、神戸に連れて来られました。本の中には、その航海がどんなに大変だったかも書いておられます。

神戸には連合国軍捕虜がだいたい六〇〇人ぐらい連れて来られましたが、イギリス人が四〇〇人ほどで一番多いんです。

手記『夏は再びやってくる』の中で神戸の連合国軍捕虜収容所のことを書いています。ジョン・レインさんはジャーナリストではありませんが、当時きちんと日記をつけておられました。本当はダメなのですが、その日記をつけて、その後ちゃんと持って帰られたのです。

彼は、戦争が終わると倉庫から砂糖を持ち出して、日本人を捜して物々交換でカメラを手に入れ、焼け落ちた捕虜収容所などに行って、そのカメラで写真を撮りました。ジョン・レインさんの本にもその写真が結構載っていますが、この写真のお陰で当時の雰囲気がよく分かります。

連合国軍捕虜収容所と民間人抑留所について

連合軍捕虜のことを調べている方の一人で、京都在住の福林徹さんという学校の先生がおられるんですが、その人に案内してもらって、神戸市内の連合国軍捕虜関連の場所をフィールドワークしました。

最初の連合国軍捕虜収容所は神戸市役所の辺りにありました。東遊園地の西側に神戸港郵便局がありますが、その郵便局の南に兼松ビルがあります。最初、そこに収容所があったと私たちは考えていました。ジョン・レインさんが来られたときにも「ここでしょう?」と聞いたら、「はい」ということでした。が、実は間違いでした。もう一人別のイギリス人の捕虜だった人が来日したときに、同じように聞いてみたら間違いだったことが分かりました。

実は、その神戸港郵便局とその駐車場のある場所に一回目の連合国軍捕虜収容所があったんです。そこに四〇〇人から五〇〇人のイギリス人を中心に、彼のようなオーストラリア人も収容されていました。

捕虜たちの仕事は主に船舶荷役でした。しかし、神戸港は三月の空襲後は機雷も投下されたりして船舶荷役の仕事はできなくなってしまうんです。その後はいろんな倉庫や工場に行ったり、西宮あたりまでも行ったりしたそうです。

空襲で連合国軍捕虜は、その捕虜収容所から焼け出されます。そして神戸電鉄の丸山駅から西に四〜五〇〇メートル行くと、神戸市総合寮育センターがありますが、そこに移ります。そこもまた具合が悪くなって、今度は脇浜小学校に移ります。脇浜小学校は閉校になりましたが、三宮から東に一キロぐらい行ったところにありました。ジョン・レインさんはそのことを覚えておられました。戦争中は空襲を避けるために脇浜小学校の校舎を真っ黒に塗ったのですが、彼が日本に来られた六年前には、まだ当時の黒く塗った古い校舎が残っていました。

ですから脇浜小学校で解放されて、カメラを買って、三宮までテクテク歩いていって、写真を撮ったということになると思います。

もう一つ、連合軍捕虜の関係の話の一つに、民間人抑留所の話があります。私はそんなものがあったとは知りませんでした。

神戸には欧米の民間人がいましたが、戦争が始まって「敵国人」となってしまったんです。それまで普通に生活していたアメリカ人、イギリス人が、戦争が始まったら急に敵国人扱いされるんです。

多くの人は帰国するのですが、何らかの事情で神戸に残る人もいます。そういう人たちを神戸市内の四ヶ所の民間人抑留所に収容したんです。

そこは捕虜収容所じゃないから、まだ自由な方だと思うのですが、そういう民間人抑留所を、北野町に三ヶ所と青谷に一ヶ所造ったんです。それが大きな家だったにしても人口密度のかなり高い窮屈な生活をさせられたと思います。

私は青谷にも四年ほど住んでいましたが、その青谷にあった乗馬場の近くに抑留所がありました。二〇年ほど前に、神戸市があそこを安く民間に売ったとかいうことで問題になったことがありましたが、その馬場の横に洋館があって、そこにも民間の欧米人の抑留所があったのです。

連合国軍捕虜の情報収集について

調査する会の活動が新聞で報道されたりすると、それをきっかけに新しい情報が寄せられます。連合国軍捕虜関係の情報は比較的多く入ってきました。我々は新しい情報が入ると、「新事実」として公表し、このことについて勉強会開催などのニュースを意識的にまた新聞に載せるんです。そうすることによってまた新しい情報が寄せられるということにもなります。

連合国軍捕虜関係の情報は、「兵庫駅で欧米人が行進しているのを見た」とか、「新開地で行進する欧米人の列を見た」とか、「丸山で骨と皮の欧米人を見た」とか、「鳴尾の方で見た」とかいう情報が結構入ってきました。

朝鮮人・中国人の情報よりも連合国軍捕虜関連の情報の方が多かったですね。風貌などが目立ったということと、あるいは朝鮮人・中国人の場合と比べると後ろめたさがないというようなことがあったのかも知れません。朝鮮人・中国人に対する偏見にも関係あるんだと思いますが、連合国軍捕虜の場合は割と冷静に見ることができて、多くの「見ましたよ」という情報が集まってきたんでしょうね。

その中の情報の一つに、舞子に在住の方で、昔、連合国軍捕虜の監視をしていたという日本軍の責任者が現れたのです。松本充司さんとおっしゃる方です。

その人の登場の仕方が衝撃的でした。福林徹さんを講師に、連合国軍捕虜の話や欧米の民間人の抑留所の勉強会を開いたとき、松本さんが、

「実は私はそういう仕事をしていました。神戸市役所の辺りにあった捕虜収容所にも行きましたし、民間人抑留所のあった青谷にも行きました。あの方たちが空襲の時にどうなったのかというのが、長年、気になってたんです。それでひょっとしたらそういう情報が聞けるのかと思って来ました」と言われたんです。

その松本さんが、「当時の地図がありますので、是非差し上げたい」と言って、後日、届けていただきました。それは軍事機密ですけれども、ローマ字の入った神戸の白地図に、どこに〈食料集積所〉があったか、どこに〈民間人抑留所〉があったか、〈軍需工場〉があったかとい

うのを絵の具で描いている地図でした。

そういう地図は、引き継ぎのときには次の担当者がそれを書き写して、前の地図は廃棄することになっているそうです。でも彼は捨てずに持っていたんですね。

私も記録魔の方ですが、松本さんはもっと記録魔です。彼はいつどこの戦線に行ったという資料を全部待っておられる方で、その地図も捨てずに持っておられたんです。

連合国軍捕虜病院について

もう一つ連合国軍捕虜関係のものに「連合国軍捕虜病院」があります。新神戸駅の東へ五〇〇メートルほどのところに、神戸市文書館という建物があります。昔は南蛮美術館と言ったんですが、そこの南側に連合国軍捕虜病院があったんです。

南蛮美術館に池永孟さんが住んでいて、娘さんの高見沢潤子さんが「池永コレクション」「南蛮美術館コレクション」のことを本に書かれています。それを見ると、病院に入院していた連合国軍捕虜の元気な人が、神戸空襲で火災にあったときにバケツを持って駆けつけてくれて、火事を消してくれたそうです。ですから、連合国軍捕虜病院の消火部隊が頑張っていなかったら、今の南蛮美術館の建物は燃えていたかも知れません。

その南側に「神戸中央神学校」がありました。賀川豊彦が卒業したので有名な学校です。そこはアジア太平洋戦争が始まった前の年に自主閉鎖しました。アメリカ人とイギリス人の宣教師は引き上げましたが、その建物を日本軍が接収して、連合国軍捕虜病院にしました。そこは日本軍が捕虜に対して、いい処遇をしているという宣伝的な要素があったように思います。そのような新聞発表をしたりもしていました。

その連合国軍捕虜病院も空襲に遭い、神戸市役所の連合国軍捕虜収容所の人たちが丸山に移ったように、新神戸の近くにあった連合国軍捕虜病院の人たちも丸山の収容所に移りました。新神戸から丸山までは結構、距離がありますが、歩いていったそうです。

その連合国軍捕虜病院関係のエピソードの一つに、ちょっと気が休まるというか、救われる話があります。大橋兵次郎さんという日本軍の軍医がいたそうです。そして、そこにいたアメリカ兵（軍医）の方がまだ生きてらして、その息子さんのジョン・グラスマンさんが数年前に神戸に来られました。

お父さんは「日本軍は結構ひどかったけれども、その大橋さんという人は、捕虜を同じ人間として処遇したすばらしい人であった」とおっしゃっていたそうです。

その息子さんのジョン・グラスマンさんが「父の足跡を訪ねたい。そして大橋という人に会いたい。父は病気でアメリカから来られないので、自分が代わりに会いたい」ということで神戸まで来られました。

残念ながら大橋さんは亡くなられていましたが、息子さん同士が会って、話し合われました。とにかく、大橋さんという人は、そういう人だったようです。

当時、池永孟さんの息子さんが盲腸だった時にはアメリカ人のお医者さんが手術してくれたそうで、その連合国軍捕虜病院ではそういった交流があったんです。

私もあまりまじめではありませんけれどもクリスチャンなんです。池永潤さんという方は池永孟さんの息子さんで大阪地区のカトリック教会で一番偉い人で、カトリックの人なら誰でも知っている人です。

その人に会う機会があったので、空襲のときのことを聞いてみたんです。連合国軍捕虜が来てくれて、お兄さんの部屋を一生懸命消火してくれたそうです。六〇年ちょっと前のそのお話を伺って結構リアルにそういうことを感じることができました。

中国人捕虜と朝鮮人捕虜について

戦時下の神戸港には多くの朝鮮人も働かされていました。数で言ったら連合国捕虜よりずっと多いんです。連合国軍捕虜ははっきりした数は分からないですが、終戦時に残っていた人は五五五人です。主に脇浜の連合国軍捕虜収容所に残っていて、随時引き上げていきます。ほんとに骨と皮のような捕虜の写真がジョン・レインさんの本にも出てきます。

後から申し上げる中国人は、九九六人です。凄いですね。数まで分かっています。中国は連合国軍側ということで、日本は中国人に対する虐待で戦犯に問われるかもしれないということで、軍事裁判が始まる前に、中国人捕虜についての調査を企業に対してしているんですね。そして企業は虐待はしてない、ちゃんとした処遇をしたという報告書をまとめているんです。

ですから、中国人捕虜を収容した日本全国の一三五ヶ所については、ちゃんと報告書が残っています。神戸の関係のものも残っていますが、その名簿によると数は九九六人です。神戸に関しては、最初の三〇〇人ぐらいの名簿がないのですが、六六〇人の名簿はちゃんと残っているんです。

神戸港に強制連行された朝鮮人はだいたい神戸で六千人ぐらいだと思います。ですから中国人に比べて一桁多い人々が働かされていたことになります。

神戸の朝鮮人関係の名簿も一部が残っているんです。朝鮮人強制連行を調べている全国のグループが、一九七〇年代から名簿探しというのを一生懸命やっているんです。名簿はこのような調査のためのもっとも基本的な資料ですからね。しかし、日本政府は、名簿は残っていないと言い続けていました。

一九九一年に韓国の盧(ノ)泰愚(テウ)大統領が日本に来たときに、当時の海部首相は「名簿を探す」という約束をしました。そして、その翌年に名簿を韓国政府に渡しているんですよ。それが厚生省が一九四六年に作った六万人レベルの名簿です。その名簿の中に神戸に強制連行された朝鮮人の名簿が結構残っているんです。

強制連行された朝鮮人の数は日本政府が公表しないので、正確な数が分かりませんが、一九三九年から一九四五年までの強制連行の時期に、七〇万人ぐらい炭坑とか鉱山とか港とか軍需工場とかに強制連行されて働かされているのです。

ですから一九九一年に労働省の倉庫に残っていたといって、初めて日本政府が公表した一九四六年の「厚生省名簿」というのは、七〇万人ぐらいの名簿があったはずです。しかしそのほとんどはなくなっていて、今、残っている名簿は六万人ほどです。

どうも一九四六年当時、兵庫県は報告書の提出をサボっていたみたいですね。最初に締め切り期限までに報告書を出した北海道なんかは、少しも名簿が残っていないんです。大阪はほんの一部だけ残っているんです。どうも第一次調査のときに送った名簿のほとんどは失われてしまったようです。兵庫県分はサボっていてくれたので、兵庫県勤労局関係の名簿が残っていたんです。厚生省名簿が労働省に残っていたのはなぜかと思っていましたが、当時は厚生省と労働省が同じ省だったのです。最近また一緒になりましたが……。

ですから全国で六万七千人ぐらいの名簿しか残ってないのに、その中で兵庫県下は一万三千人ほどの名簿が残っていたんです。

この兵庫県の名簿の中に川崎重工、三菱重工、神戸製鋼などには名簿が残っていました。学生ボランティアにコンピュータに名簿を入力してもらって、「出身地別」に検索をかけたら、韓国の一定の地域から集中的に強制連行されてきていることが分かりました。一つの村から数十人が連行されているところを取り出して、韓国の役所に問い合わせをしました。韓国の役所の方も積極的に協力してくださり、探し出してくれました。そしてその生きていらっしゃる人が何人か見つかって、我々のメンバーが韓国まで会いに行きました。

韓国の役所、面事務所の人が一生懸命探してくれたら何とか見つかるんですね。日本でも同じかもしれませんが、役所の窓口の人がどのくらい頑張るかによるんでしょうが、すでに引っ越しをして本籍地にはいらっしゃらない人も探してくれて、その人にも会いに行きました。

もう一人は、兵庫県の社町にたまたま生存者がいました。朴球曾（パククヘ）さんという方です。朴球曾さんは川崎重工で働いておられました。朴球曾さんは記憶が鮮明で、宿舎から電車に乗り兵庫駅で降りて和田岬まで歩いていったということを覚えておられました。

余談になりますが、強制連行された人で、今、日本で生活されている方はほとんどいないんです。

最近は自由主義史観グループが従軍慰安婦問題で攻撃したり、南京大虐殺に関しては、あったか、なかったかという「論争」を起こしています。わざと「水掛け論」をしています。水掛け論をして、「南京大虐殺はあったのか、なかったのか、結局は分からない」とマスコミで報道されたら、そのことが自由主義グループにとっては価値があると考えているのでしょう。

強制連行に関しても、数年前の共通一次試験に強制連行のテーマが出たことを契機に、攻撃してきていますが、強制連行された人はほとんど日本に残っていないんです。

「在日朝鮮人のすべてが強制連行された朝鮮人の子孫だ」というのは事実ではありません。それは当たり前なんです。強制連行されて一年か二年、日本で強制労働させられた人は、戦争が終わればすぐに帰国してしまったからです。それだけ本国との結びつきが深いからですね。

逆に、一九二〇年代、三〇年代に日本に来てそのまま住み着いている人は日本との結びつきが強くなるのです。強制連行された朝鮮人は帰国したら、すぐにもとの生活が再開すると考えられますが、敗戦時にすでに二〇年、三〇年と日本にいる人は、日本との結びつきが強くなるんです。戦後、持ち帰ることのできる財産は制限されましたし、また子どもが朝鮮語をしゃべれないとか、いろんなことがあって、長く日本にいればいるほど、家族が多くいればいるほど、帰りにくい状態にあるわけです。

ですから、強制連行を否定する人は「それだけの数の人たちが強制連行されたのなら、日本中にはそのような朝鮮人がもっといるはずだろう」と言うけれども、残っている方が例外なのです。

川崎重工の関係の話をしますと、今の東垂水に朝鮮人の寮がありました。私が高校生のとき、山陽電車で舞子駅から兵庫駅まで通っていましたが、その寮がまだ残っていました。一九六〇年代の中頃は、まだ滝の茶屋とか、あの辺の北側には木造建ての建物がいっぱいありました。それが強制連行された朝鮮人の飯場だったのです。

朴球會さんの証言によると、千人ぐらい入る建物が三軒ぐらいあったそうです。川崎重工に関しては厚生省名簿が残ってないのですが、社史によると寮には一六〇〇人ぐらいの人がいたと書いてあります。その人たちは当時の省線、今のＪＲの塩屋駅まで歩いて、塩屋から兵庫駅まで監視の下で、電車に乗って出掛けて行くという生活をしていました。その証言をしてくださった朴球會さんは残念ながら亡くなられました。

強制連行された朝鮮人はさきほど申し上げたように基本的には帰国しました。日本に残ったのは、例外といえます。例えば日本語が話せるからという理由で、日本人と朝鮮人の間に立って労務管理をした人もいましたが、そのような人は戦後、微妙な位置になりました。神戸の例じゃないのですが、一緒に帰れなくて残ったという人もいるんです。

「お前は強制労働させられているときには、日本の手先だったじゃないか」と言われて帰れなかった、という人もいると聞いたことがあります。それだけ多くの人が連行されたわけですから、当然そういう人もいたのではないかと考えられます。

神戸市内の事業所には神戸港関係以外にも多くの事業所に朝鮮人が強制連行されていますが、神戸港を調べるグループは、神戸港の強制連行に関しては神戸船舶荷役を中心に造船を加えて調査報告を出しています。

日本人の証言で川崎重工艦船工場に勤労動員された明石在住の福井新さんの興味深い証言がありますす。今の神戸大学の前身になるんですが、神戸工業専門学校に通っていたときに、学校の授業がなくなって、川崎重工の艦船工場に勤労動員で行かされて、そこで朝鮮人と連合国軍捕虜を見たと言っておられました。朝鮮人と連合国軍捕虜が別の入り口から入っていくのを記憶されています。また明石から省線で一緒に朝鮮人と同じ列車で兵庫駅まで行ったこともあるそうです。

川崎重工の前に大きな道路ができていますが、現在のハーバーランド、当時、川崎重工の工場の西側を、類焼を防ぐために建物を壊したそうです。近隣が燃えても川崎重工が燃えないように、防火帯を作ったそうです。

その当時の川崎重工の労務係の人が釜山まで行って、すでに集められている朝鮮人を日本刀を持って日本に連れて来たという話を、福井さんからお聞きしました。当時学生であった福井さんによると、その労務係の人は自慢話として話していたそうです。福井さんのことは新聞でも取り上げられています。

『外務省報告書』と『特高月報』について

中国人に関しては、先ほど申し上げたように一三五ヶ所の強制連行の事業所について報告書が出ています。その中でも神戸の報告書は詳しい方なんです。私たちはその復刻版を出しました、『華人労務者就労顛末報告書』というものです。「神戸船舶荷役株式会社」と「日本港運業会神戸華工管理務所」が作っているんです。

戦争が終わってから、この神戸港運業会神戸華工管理事務所と神戸船舶荷役株式会社は、中国人を雇っていたけれども虐待などしていないし、娯楽に映画館にも連れて行ったなどと報告しているんです。

神戸に来てくださった黄国明(ファンクォシン)さんは、そんなところに行ったことはないと怒っていましたけれども……。いい食事を出した等々です。

当然ウソも多いでしょうが、そういう報告書が残っているということは、歴史を調査する上では非常にいいことなんですね。中国人強制連行に関する『外務省報告書』と言われている報告書の一部なんですが、日本政府はこの報告書自体の存在も否認していたんです。

神戸の事業所報告書も東京の華僑総会に保管されていて、私はそこでコピーしたんですけど、その存在は関係者にすでに知られていたんです。中国人強制連行に関しては、朝鮮人と違って連合国軍側ですから、戦後も日本政府は特別な目で見ていますし、そういう報告書も出していたんです。

一九五七年には兵庫県下で亡くなった中国人を丁重に中国の天津に遺骨送還しているんです。県知事や市長が来て、挨拶をしたという報告書も残っていて、その遺骨送還のための式典資料に死亡者名簿もあるんです。その基礎資料が東京華僑総会にある事業所報告書ですが、日本政府はその存在を否認していました。

ですが、一九九三年に、ＮＨＫが『幻の外務省報告書――中国人強制連行の記録』というドキュメンタリー番組を放映しました。とてもいい番組です。この番組などを契機に日本政府が『外務省報告書』の存在を国会答弁でも認めるようになったんです。このドキュメンタリーの内容は一九九四年には本としても出版されています。

強制連行の調査のために私は東京の防衛庁防衛研究所付属図書館に行ったりしましたけど、日本政府の秘密主義というのはひどいものです。

私はこの話になると熱くなってしまうんですが、例えば、その防衛庁の図書館に行って、ある史料を請求したら、プライバシー保護とかという理由で見せない史料があるんです。もっとひどいのもありました。普通、史料を保存するときは、封筒も残し内部の文書も残しますよね。ところが、封筒の裏の差出人の住所を切って別の紙に貼り付け、内部の文書一四行は〈公開中止〉と書いてあったんです。そういう文書を見つけてびっくりするやら、怒り心頭やらでした。

封筒を保管するときに、その封筒を切ってしまったらあきませんよね。戦争中の資料を切って、新しいファイルに貼りつけて、そして内容は見せられないという、そんな史料までありました。

そしてまた我々の間でいまだに話題になりますけど、神戸の図書館でもどこでもある『特高月報』という有名な史料があるんです。『特高月報』は毎月一回どこでどんなことがあったかというのが書いてある非常に便利なものなんですが、あるとき国会答弁を聞いていたら、政府はその存在を認めていないんですね。

「復刻されて図書館にあるという話を日本政府としては伺っていますけれども、『特高月報』そのものを作ったということを、日本政府は確認しておりません」というのが政府の趣旨なんです。

強制連行に限らないのでしょうが、日本政府の秘密主義というのはひどいものです。

話が脱線しましたが、神戸の中国人の事業場報告書ですけれど、それによると九九六人の中国人が強制連行されており、そのうち七八六人の名簿があるんです。そしてその名簿には、どこから来たかとか、前の職業は何かとか、青島(チンタオ)から来たり、天津(ティエンチン)から来たりしているんですが、中国のどの港から乗ったか、そして死亡したら〈死亡〉と書いてあるんです。その事業場報告書には、我々は探し当てられませんでしたが、日本人関係者の名簿も載っているんですね。

そして中国人の宿舎の場所は特定していませんけども、建物の見取り図も載っています。先ほど申し上げたように、映画にいつ行ったとか、タバコはどのくらい与えたとか、死亡診断書もあるのです。

中国人捕虜だった黄国明（ファンクォシン）さんについて

中国人生存者のうちの何人かに私たちは中国でインタビューしました。これも予想以上の成果ではなかったかと思います。

お一人の中国人には神戸に来ていただきました。先ほどお話した黄国明さんです。もちろんこの名簿にも載っている方ですが、一九九一年神戸に来られて、ポートタワーに一緒に登って神戸港の様子を見ていただきました。戦争中にポートタワーはありませんでしたが、「黄さんが働かされた神戸港がここですよ」と言っても、「ああ、そうですか」と言われただけでした。彼は船舶荷役の労働現場と宿舎とを引き回されただけですから、港の全容を知るよしもないわけです。

船舶荷役の仕事は今はコンテナでしていますが、当時は小さな船で沖に泊めてある大型船に荷物を運んだり、降ろしたり、倉庫に入れたり、そういうことをしたんです。

黄国明さんは今は体調を崩されていますが、一九九一年に神戸に来ていただいた時は非常にお元気でした。今は化学繊維になりましたが、昔はドンゴロスの麻の袋で、それに六〇キロとか八〇キロの物資を入れて運ばされたんです。証言集会でどういうふうに運んでいたか伺うと、艀と大きな船との間に渡した細い板の上を、バランスをとりながら担いでいく様子を実演してくれました。今は氷屋さんでも見ないですが、手鈎という引っ掻けるものの短い方を労働者が一本ずつ持って、引っ掻けて落ちないようにして背中に担いで運ぶんです。長い方は別の二人の労働者が重い麻袋を引っ掻けて、一人の労働者の背中に置いていくんです。大きな船で背中に重い袋を担ぎ、手鈎を袋がずり落ちないように引っ掻けて、渡してある細い板を渡って小さい船に乗せて、そしてその小さい船からまた突堤に移してくるということをさせられたんですが、その軽やかなステップにびっくりしました。

黄さんが生活していた宿舎は宇治川商店街の南にありました。JR神戸駅から東に一キロも行かないところです。宇治川商店街を南に抜けたら、JRに突き当たりますが、その左側、東側です。今、ライオンズマンションがありますが、そこが宿舎だったんです。そこはもともと旅館だったのを日本軍が接収して宿舎にしたんです。

その三階建ての宿舎の図面が事業場報告書に掲載されています。その形は黄さんの記憶と合致しています。三階から今のJR、当時の省線が通るのが見えて、黄国明さんがあるとき手を振ったらお客さんも手を振ってくれたそうです。空襲で高架下に逃げ込んだこともあるが、それ以外は映画にも行ったこともないし、駅にも行ったことがないから、宿舎周辺のことなど何の記憶もないと言われていました。

〈神戸港 平和の碑〉の除幕式には中国から遺族の方お二人をお呼びしました。お一人は父親が神戸港に連行され、中国に帰国されていたが、一二、三年前に亡くなられた方です。私たちの調査活動の話を聞いて、除幕式でもあれば是非呼んでほしいというお手紙をもらっていたんです。

我々は除幕式には格好良く、韓国と中国とオーストラリアから一人ずつ呼びたかったんですが、お金がないものですから、中国からだけしかお呼びすることができませんでした。

除幕式にお呼びしたもう一人の中国人の遺族の方は、父親が大阪に連行されたんですが、遺族として私たちの調査に非常に協力してくれた人なんです。「石碑建立はいつですか？」というお話を長い間聞いていましたので、その方もお呼びしました。

中国人関係の資料としては、事業場報告書には死亡診断書もあります。八割ぐらいは元町の上の方にある隈病院が書いているんです。私たちは隈病院も訪ねて「当時のことを知っているお年寄りの人に会いたい」と言っていました。もう引退されていましたが、当時の事務長さんにお会いできました。その事務長さんは当時のことを覚えておられました。死亡診断書をパッと見て「これは隈病院の院長さんの字ではありませんよ」とおっしゃいました。いくつかの死亡診断書をよく見ると、同じ字で書いてあるんです。ですから、たぶん、つじつまを合わせるために戦後に別の人が、まとめて書いたんでしょうね。

王鳳鳴（ワンフォンミン）さんについて

中国人関係の話でもう一つ新しい発見がありました。中国人強制連行以前にインド洋で日本軍がオランダ船を拿捕したときに、たまたま乗っていた中国人を神戸に連れてきて、尼崎の「大日電線」という所で働かせていたという情報を、私たちのグループがつかんだんです。ですから、日本政府が認めている一三五ヶ所の中国人強制連行とは別の、一三六ヶ所目の場所だということで、我々が発表会をしたんです。そうしたら一人の中国人が電話をくださいました。長田でお医者さんをされていた王鳳鳴さんという方です。王さんは戦争中その大日電線に行ったことがあるそうです。

「私は確かにその大日電線というところで働かされていた中国人に二回ほど会ったことがあるのに、中国人強制連行の本を何度読んでも出てこないので、おかしいなあと思っていたら、ついに出てきたんですね」とおっしゃいました。

王鳳鳴さんは新神戸の近くに住んでおられる方で、もう長田の病院はされていないと思います。当時は東大の医学生でした。自慢話ではないと言いながら話してくれましたが、岩波茂雄

『岩波茂雄伝』（安倍能成著、１９５７）という本がありますが、岩波茂雄が奨学金を出した中国人の一人なんです。その本に王さんの名前が出ています。

王鳳鳴さんは長田に帰ってきたときに、先輩で明治大学の中国人と一緒に尼崎に中国人がいるというので二回会いに行ったそうです。その先輩の親、または知り合いが大日電線の工場長をしていて、普通なら入れないところに入ることができて、会いに行ったそうです。

大日電線で王さんは、「大変ですね。でも、なんとか生き延びてください」というような話をそこで労働させられていた中国人にされました。「そういうことは当時許されないことだった。そういう人々に会った記憶はあるのに、それがやっと出てきた」と言われていました。こういう新しい発見が調査の過程でありました。

中国人関係は一九五七年に遺骨送還されて、名簿もあると申し上げましたが、神戸市と姉妹都市の天津市に中国人の遺骨が今もあるんです。もちろんご自宅に帰った遺骨もあるけれども、そうでない遺骨がありますから。一昨年、新しく「在日殉難烈士・労工紀念館」が天津市にできました。私も二〇〇七年八月の竣工式に参加しました。その時は日本から土井たか子さんも行かれて献花されました。

強制連行中国人の死亡率はすごいですからね。約四万の中国人が強制連行され、約七千人が亡くなられました。遺骨の一部は天津にそのまま置かれていました。以前の記念館はみすぼらしいもので、我々の仲間で何人かが八月に新しい納骨堂が出来る前の天津の記念館に行ったときに、遺骨だからそんなに臭いはするはずはないんですが、臭いがまだするとおっしゃっている方がいました。私の場合は新しい記念館ができたときに初めて行くことができました。

調査の記録集の出版について

我々の神戸港の調査の会は、調査をして記録集を作るのと、もう一つは石碑を作ることを当初からの目標にしていました。我々は「歴史を心に刻み、かつ石に刻む」と言っています。フィールドワークのときに、「これが神戸港強制連行関連の石碑です」と言えるものがあるというのが非常に大切なことですが、それだけのためでなく、石に刻むというか、目に見えるものとして作るということを目標としていました。本の方はなんとかみんなの力を合わせて出来上がりましたが、石碑の方は本当に難航しました。当初は神戸市の公園に建立しようとしましたが、神戸市がなかなかうんと言わないので難航しました。

本は、事業所報告書の復刻版を最初に出しました。個人の力というのは知れていますから、まず復刻版を出したのです。東京華僑総会を訪ねてコピーをもらってきて、それで読み始めたんですが、読みにくいんです。何人かで読むために復刻版で一〇部か二〇部ぐらいを作ってもよかったんですが、どうせならということで二〇〇部ぐらい作って、みんなで読もうということで始めました。多くの人が読むと、それぞれの読み方があって、新しい発見もあり結果的によい方法だったと思います。

本は、ちょっとおかしな話ですが、分厚い本と薄い本を作ろうとしたんです。薄い本は副読本として『アジア・太平洋戦争と神戸港——朝鮮人・中国人・連合国軍捕虜』（発行：調査する会、発売：みずのわ出版）を出版しました。

神戸市内の中学校の副読本として採用してほしいと教育委員会に依頼したのですが、だめでした。メンバーの宮内陽子さんが執筆されました。強制連行の話は最後の部分に出てくるだけで、古事記から始まる神戸港の歴史を解きほぐしています。そして戦争中は神戸港はこうだった、そして朝鮮人、中国人、連合軍捕虜の強制労働の歴史もあったのだと書いています。当事者、日本人の証言も入れました。教養としては副読本的に簡単に書いていますが、神戸の中学生、高校生はこれぐらいは知っておく必要があるという思いで、コンパクトな副読本として作りました。

もう一冊は『神戸港強制連行の記録——朝鮮人・中国人そして連合軍捕虜』（明石書店）という本です。分厚い方は一度しか出せないので、ちょっと高いんですが、思い切ってたくさん資料を収録して作りました。

石碑について

　石碑は先月の七月二一日（二〇〇八年）に建ちました。先ほど申し上げたように難航して、結局、神戸市の公園には作ることができずに、華僑歴史博物館のあるＫＣＣビルの前に建立しました。

　その〈神戸港 平和の碑〉のところに先輩格のモニュメントが二つあります。

　一つは〈先人遺徳――神戸広業広所原址〉という石碑です。一三〇年ほど前に中国人がそこに足跡を残したという石碑です。今は共同所有のビルになっていますが、もともとは中国の広東華僑の商業地域だったということが書いてある小さな石碑です。

神戸港 平和の碑（中央）、右が先人遺徳の碑、左が非核神戸方式モニュメント

もう一つは、神戸港〈非核神戸方式〉のモニュメントです。非核神戸方式というのは、神戸市議会が一九七五年に、「核兵器積載艦艇の神戸港入港拒否に関する決議」を行ない、神戸港に入港する外国船は、核兵器を搭載していないという「非核証明書」を提出しないと、神戸港に米軍やカナダの艦船は入れないというものです。その非核神戸方式のモニュメントも神戸市の公園には建てられずにここにあります。

今日は『歴史を刻む――神戸の外国人』ということで、神戸地区の高校の先生の会ですから、神戸港の話を中心にして地元の話をさせていただきました。私にとっては、神戸港、神戸電鉄関連の調査はとてもいい経験でした。私自身が子どもの頃に遊んだところに、こういう現実感のある歴史があったということです。我々はこのような歴史を若い人たちに伝えていかなければならないわけです。そのために、モニュメントのような形あるものを残し、そして事実を伝える出版物を資料として残すことがとても大切なことだと考えています。

（神戸地区県立学校人権・同和教育研究協議会二〇〇八年度　実践研究紀要「えんぴつ」第31号、２００９）

強制連行真相究明運動の展望

韓国の方は政権が変わって過去の問題を、ほぼ完璧に追及しようとしているのですけれども、日本の方は戦後六〇年を迎えて、まったく駄目です。韓国で法律としてできた強制連行を究明する動きに連携して、日本の民間グループで、強制動員真相究明ネットワークを今年（二〇〇五年）の七月に創りました。

三人の代表がいまして、内海愛子さんと、上杉聰さん、それから私も代表になっています（二〇一五年より共同代表は庵逧（あんざこ）由香さんと飛田）。

強制連行と強制動員

まず強制連行という言葉ですけど、最近ちょっと攻撃に晒されています。自由主義史観グループとか右翼の方々から「その強制連行という言葉は太平洋戦争当時には無かったのだから、それだけで歴史の偽造である」と言うのですけれども、そんな事を言っていたらきりが無いですよね。二・二六事件でも当時そう言ったのか？　ということになります。そういう攻撃をしています。

その韓国の方の法律も〈強制動員〉という言葉を使っていて、あるいは、つい最近出た樋口雄一さんと山田昭次さんと古庄正さんが、岩波書店からかなり本格的な強制連行に関する論集を出されましたが、テーマが〈強制動員〉という風になっています。ちょっと意識的に強制連行を隠しているんじゃないかと思われるかもしれませんが、そうではありません。

最初に、言葉としての〈強制動員〉と〈強制連行〉の問題です。強制連行というのは、一九三九年から一九四五年に、主に日本国内に移動・強制労働させられた人々を指して強制連行と言うのですね。

実は、韓国の法律では対象としている年は一九三一年からです。一九三一年からというのは、一九三九年からが強制連行だとすれば、それ以前の時期に連れて行かれた「慰安婦」の事が欠落するからなんです。

一九三九年以前に、甘言……つまり騙されて連れて来られた人もいますから、そういう人も含めて強制連行ではなくて強制動員という言葉を使っているということです。強制連行というと、連れて行くことだけにポイントがおかれるということもあり、全体像を示すために強制動員という言葉を使おうとしている面があります。

強制連行については三つの段階を経たと言われています。最初は〈募集〉と言われています。募集というのは「日本の企業が勝手に韓国に行って募集する」というのが募集です。

これは日本の企業が勝手にしたのではなくて、法的な裏付を基に募集が始まっています。でも、それでは段々と集まらなくなるので次に〈官斡旋〉となります。

朝鮮総督府が地方に割り当てて、何人という風に人員を決定して募集する事になりました。募集段階について官憲が書いた文書に「強制力を更に付け加えないからには、人は集まらない」等と書いてあります。

さらに最後、戦争末期になった一九四四年にそれでも集まらないから、軍人を採るように徴用令によって動員します。軍人は赤紙で徴兵しますが、その軍人が脱走したら脱走罪です。同じように、白紙で徴用に採られた人間が逃げ出したりしたら訴追されるという段階になっていきます。

まあ事程左様に労働力不足が深刻であった。基本的には日本人の男が戦場に赴いたから労働力が不足して朝鮮人を強制連行することになったのです。

調査活動の歴史

次に強制連行調査活動の歴史について考えます。〈強制連行〉という言葉は、朴慶植先生が『朝鮮人強制連行の記録』（未来社、１９６５）を書かれて、朴先生の造語みたいに言われていますが、中国人強制連行という言葉が先ですね。

今はもう忘れ去られていますが、五〇年代の中盤から後半に、例えば神戸なんかでも、兵庫県知事とか神戸市長なんかも参加した中国人強制連行犠牲者を追悼する集会があって、行政も絡んでの遺骨返還運動が五〇年代に行なわれています。

中国人強制連行に関する取組みがまずあったという事になります。恐らく中国の方が戦争に勝った国という事もあるし、朝鮮人の方よりも先に調査が進んで、遺骨を丁重に本土に帰す事があったんだと思います。朴慶植先生が書かれた本を見ていますとその中国人強制連行関連の活動に刺激されたと書いてあります。

でも、数から言ったら中国人と朝鮮人は一桁違うんですよ。中国人は約四万、それに較べたら朝鮮人は四〇万人なんて事は無いですからね。六六万とかいろんな数がありますが、一桁違うんです。

すでに一九五〇年代から六〇年代にかけて中国人強制連行に関して一定の調査があって、名簿もあって、そういう事を協力して行くうちに、朴慶植先生は「朝鮮人強制連行はどうなっているか」という事で調査を始められたのです。

朴先生の『朝鮮人強制連行の記録』はある意味ではバイブル的な存在で、我々はこの本を見て、「神戸の××事業所に朝鮮人が連行されてきている」という事で調査が始まったり、同じように、全国で「私の地元の××工業所で名前が挙がっている」とか「××炭鉱で名前が挙がっている」とかいう事で調査が始まったのです。朴慶植先生は亡くなられてしまったんですが、種を蒔いて下さったのです。

七〇年代になって朝鮮総連が中心になって朝鮮人強制連行真相調査団が調査活動を開始しました。その時の記録なんかを見たりしますと、「朴慶植先生の書かれた××事業所の事が気になって調べ始めました」というのがよく出てきます。

また、地域史家が聞き書きをしていると、強制連行に関する話が出てきてその調査を本格的に始めたという例もあります。北海道から九州まで真相調査団の調査が進み、幾つかの地域で七〇年代に結構分厚い調査報告書が出てきましたし、またこつこつと個人で強制連行の事を記録する人も現われ何冊かの本も出版されています。

現実感のある歴史認識

ちょっと時代が飛びますけども、先ほど内海愛子さんが言われましたが、九〇年代の前半位に、戦後補償とも関連して調査が進んだと言われます。兵庫でも、一九九一年に「朝鮮人・中国人強制連行・強制労働を考える全国交流集会」を開催しました。

その集会にはいろんな地域の人たちが集まりましたが、単に歴史好きな人が集まったというよりも、それぞれの地域で強制連行の事を調査してみようという事だったと思います。歴史認識には現実感が必要なんですよね。我々が日頃知っている所でどういうことがあったのかというのは、その地域の人にはリアルな歴史なのです。

私の場合で言いましたら、私は一九五〇年の神戸市兵庫区生まれですけれども、中学・高校、大学を含めて地域に朝鮮人に関係する歴史があるというイメージがまったく無かったんです。けれども何人かのメンバーで神戸電鉄の関係の事を調査したら、朝鮮人のことが出てきます。神戸電鉄はよく乗りましたし、いくつかの死亡者も出た事故現場なんかは、小学生の頃よく遊んだ所にとても近い場所にありました。

となると普通の歴史認識よりはよほど現実的ですね。ほんとに驚きました。烏原（からすはら）貯水池の上の方で死亡事故がありましたが、現在もそのあたりで追悼行事を行なっていますが、あんな所は私の庭でしたからねえ。

私が小学校の時、飯盒を持っていって飯盒炊飯していた場所が現場であったり、あるいは東山トンネルというのは、神戸電鉄が地下から地上に上がった所にありますが、あの辺りには昔、三円か五円で屋台の串カツを食べに行ってました。そういう所だったりします。

それから、神戸港の事も調べましたけれど、結構私がよく知っている場所が、強制連行関連の場所として出てきます。そういう事に突き動かされて各々の調査が始まり進展します。このような現実感をもった地元での調査活動というのは方向性としてはとても良い事なのだろうと思います。

先ほどコーヒーを飲みながら内海さんとも話をしていたのですが、いま全体的に後退期ですね。「慰安婦」という言葉も強制連行という言葉も、槍玉にあげられています。一九九〇年代の初めというのは、強制連行調査が活発に全国的に展開された時期ですが、当時、強制連行に関する新しい発見があったら全国記事として報道されました。

記憶されている方も多いと思いますが、九〇年代の初めはどこそこトンネルが、現在まで強制連行とは関係ないと思っていたけれども、そういう事が分かったと言ったら結構全国記事になっていました。あるいは「公文書館から新しい文書が発見された」といったら全国記事になりました。最近はそうではないですね。私にとっては大発見のことが全国版に載りません。日韓条約関係の公文書が韓国で公開されたということも大きな記事となっていません。「大発見！」の記事も、地方版にしか出ない。後退しているように思います。

過去を見直す韓国

一方、韓国は動いています。やはり政権が変わるというのは、いいことですね。私もデモとか好きな（笑）方で結構するんですが、政権は変わりません。一度日本も変わりかけたのが村山（元首相）さんの時ですが、そのときはちょっと駄目でしたね。

結局、村山首相の時に、普通自民党だけでは出来ない悪い事を全部してしまったという感じです。まあ、歴史を反省する「村山談話」以外は全て悪い法律などを通したという気がしますが、でも、一度政権が変わるというのは大事な事でした。

日本政府はものすごい秘密主義で、いろんな公文書も隠すし、真相究明を妨げているんですが、一度政権が変わると違うでしょうね。恐らく官僚が、記録を書き留めている官僚の顔が、変わるでしょうね。

「次の政権に変わったら暴露されるかも分からないという事を考えながら記録する」のと「これは絶対見つかる訳ないという事で記録する」というのとは、えらい違いだと思いますけども、日本は政権交替のありそうな雰囲気ではありません。

韓国の方は基本的に変わったんですよね。ですから、例えば一九八〇年に光州の暴動を背後で操縦したと言われた金大中（キムデジュン）さんが大統領になるわけですからねえ。完全に変わったんですよねえ。まあ一方的に羨ましいと言ってもしょうがないんですけれども、完全に変わった。そしたら、ある政権が変わるという事は、過去をどう見詰め直すかという事でも全部変わるんですよね。

それで、今回の真相究明法（強制連行関係の真相究明法）もその流れなんですけども、過去を総括し直すということになります。それまで続いてきた歴代の政権が順番に「YES」「YES」

と言って来た事を、全部調査し直すという事になるんです。ですから、一九八〇年代の光州で反乱軍に参加したと言われる人の名誉も回復されましたし、その首謀者の罪もなくなりましたし、先ほど申し上げました通り、金大中さんが大統領になるという事ですね。

このようなことに関連する法律は、いろいろあります。「東学農民革命軍の名誉回復に関する特別法」、これは百年以上も前の話ですね。東学農民革命は一八九四年、日清戦争の理由になったものですね。

その当時は、御承知のように日本と清国の間で、朝鮮半島に一方の軍隊が進出したら、もう一方の国の軍隊も進出するんだという事を決めていたわけですから、農民軍の反乱に乗じて両国軍が進駐して、農民軍が和解をしたのに両方の軍が兵を引揚げなかったので戦争になるという、そういうものです。

その時の農民革命軍は当時逆賊と言われましたが名誉回復されたわけです。この法律が一番古い時代のことを「回復」した話ですね。それから、「韓国戦争前後民間人犠牲者事件究明法および名誉回復特別法」、これもかなり決定的なものと言えます。アカ（共産主義者）だと言われて殺された人が沢山いるわけですからね。

済州島の四・三事件とか、あるいは朝鮮戦争の時に朝鮮人民軍が攻めて来た時に、一緒に動いた人が本当に悲惨な目に遭った事件がたくさんあったんですが、そういう人々の真相を究明して名誉回復するという事が試されているわけですね。

韓国の強制連行真相究明法

さらに、これが韓国政府としては委員会の規模も一番大きいのですが「日帝強占下親日反民族行為真相究明特別法」に基づいて動いています。日本にも調査団が何回も来ています。こういう親日派を処罰する法律は、戦後、朝鮮にとっては解放後にあったんですけれども、李承晩（イスンマン）大統領がウヤムヤにしましたので、それを現在いまの時点でもう一度ハッキリしようという事になっています。

そして今回の強制連行関係の特別法ですが、二〇〇四年二月一三日に、法律が成立しました。それで漢字の表記についてまずお話しておきます。私達の強制動員真相究明ネットワークを立ち上げる時に若干論議したんですけども、韓国の方は「糾明」の表記で通しているんですね。「糾」は糾すという意味です。

日本で、この漢字では居心地が悪いですね。また日本語で「糾明」というと、「糾弾して明らかにする」というニュアンスですが、韓国でいろんな人に聞いてみると、韓国語のイメージとしては、日本で一般的に使っている〈究明〉に近いニュアンスのようです。

ですから、固有名詞としての韓国の委員会は「糾明」を使っていますが、事実をどう究明するかという一般的な意味としては、日本式の「究明」を使う事にしています。

韓国の委員会が動き出して、私もソウルの事務所に行ってきましたが、大きな事務所です。政府の機関ですからね。面積としても結構広いですし、専従の職員が八〇人とか、そういう規模の事務所です。それで聞きましたら、大体半分位の人が公務員で、残り半分位の人が一般の研究者から招集されているんですね。

その研究者というのは日本に留学した経験のある元留学生が多いですね。いいことだと思います。日本に留学した人の中で在日朝鮮人史を研究した人が結構な数になるんですよ。日本語も良く出来ますしね。

その留学生たちは、先ほどお話した朴慶植先生は大学に籍は無かったのですが実際は朴慶植ゼミみたいな東京の在日朝鮮人史研究会に出入りしていたような人が何人かいるんですね。その研究会で私もお会いしたことのある人たちが今強制動員真相究明委員会の調査員として働いておられています。

ですから、その人たちが具体的な調査活動をしているわけです。そういう蓄積の上に委員会が動き出しているというわけですね。

集めた資料をデータベース化

インターネット社会というのは日本よりも韓国の方が進んでいますが、韓国政府のホームページで真相糾明委員会を見てみるとこれもまた立派なものですよ。

二つだけ紹介します。最初の方は時々刻々と改訂されている真相糾明委員会のホームページです。

二つ目は、韓国国家記録院のホームページです。韓国政府が持っている強制連行者の名簿が全部入力されているんですね。

全部ハングルで入力しなければなりませんが、例えば「キム・ギョンヘ」と入れてみると、ハングルですので同姓同名がたくさんいますけれども出て来ます。その人が存在すれば、「その人は厚生省名簿に載っている人だ」と分かります。

韓国では、日本政府がいやいや提出した厚生省名簿とかその他の資料を総網羅してデータベース化されているんですね。

それで我々のネットワークでも日本政府は中々動かないので「ちょっと効果（インパクト）のある提案をせなあかん」という事で、少なくとも「厚生省が持っていた名簿の死亡者リストを都道府県別に整理して、バーンと公表してみようか」という話が出ました。そうしたら、政府が持っていた名簿で「どこの事業所で、誰が死んだか」というのが分かりますから。

韓国の委員会は資料収集もするし、遺骨関係もするし、申請に基づいた決定もするし、それから〈空間〉も造る。強制動員に関する真相究明した後、それを資料として博物館的な空間をつくるということです。

それから戸籍に関する事が出てきます。これは最初は何のことかと思いましたが、強制連行されて行方不明のままで未だ戸籍が残っている人もいるんですよね。

考えたら、韓国社会は日本以上に祖先を大事にしていますので、死亡が確認出来ないので、そのまま戸籍に載っているというのが結構あるんですよね。あるいは、「分からないから、適当な死亡日を入れているけれども……」という場合もあるんですよね。

ですから、耐え難い事だと思いますが、例えば金××さんは一九四五年二月××で亡くなったという事が確認されたら、それによって戸籍を訂正するということです。法律ではそういう事を前提にしているみたいですね。

あと「調査の方法」なんかは、結構いろんな事が出来るようになっています。韓国政府の機関ですから、韓国政府内部の文書を、かなり徹底して出させるという事もしています。一方、一応外国の機関に関しても出来るようになっています。

でも、日本政府に対しても、資料請求をして、聞き取り（ヒアリング）をする事も出来てという事になっています。外国の公共機関が保管している資料の要求が出来るわけですけれども、どこまで日本政府がそれに応じるかは疑わしい事ですよね。

二〇万人を超える被害申請

「調査期間」の問題があります。これは「調査を二年以内にする」、そして「六ヶ月を限りに二回更新する」という事ですから、都合三年間ですね。開始の日が二〇〇四年二月一三日より少し遅くなるようですが、いずれにしても、あと一年半ないし二年という時限立法ですから、「その間に結果を出す」という事になります。被害申請は、すでに二〇万件超えました。

「聯合ニュース」日本語版2005・7・1につぎのような記事があります。

強制連行の被害届け、第一次は一九万五七二人に

【ソウル一日聯合】「日帝強占下強制動員被害真相究明委員会」は一日、日本植民地時代の強制連行に関する第一次被害届け出数を合計一九万五七二人（海外申告者除外）と発表した。第一次被害届けは今年二月一日から六月末までの五ヶ月間受け付けられた。

受付地域別では全羅南道（二万六五五三人）が最も多く、慶尚北道（二万二三七九人）、全羅北道（一万九二四四人）、京畿道（一万九〇三〇人）と続き、蔚山（一九〇〇人）が最も少なかった。連行の目的は、労働者（一三万四四六六人）、軍人（三万三六三九人）、軍属（二

万二一六四人）、慰安婦（三〇三人）の順だった。

真相調査の申し込みは三一件で、このうち、シベリア捕虜抑留や浮島号の撃沈、靖国神社に合祀されている朝鮮人の問題など二〇件に関しては現在調査が進められている。

真相究明委員会はまた、東京・祐天寺に保管されている朝鮮人の遺骨一一三六柱のうち韓国出身者の七〇五柱について遺族への確認作業を進めており、真相追求のために徴用者実態調査の対象を日本企業だけでなく自治体や寺院まで拡大する方針だ。

第二次受付は九月を予定。海外在住者が届けやすいよう、日本や中国での直接受付や実態調査も計画している。


また、韓国のホームページのニュースですが、「クッキーニュース 2005・10・4」によると、「申請者数が増えて二〇万三〇五五」となっています。もの凄い数ですよね。

これは二重申請もありますし、あるいは本人申請も出来るし、遺族申請も出来るし、あるいは「ウチの村でこんな事があったんだ」という申請も出来ますし、「日本の方でこういう現場を見た」という事も申請も出来ますから、必ずしも、その二〇万三〇〇〇人の事とは言えないのですが、「これだけの数の人が出ている」という事です。

それで未だ詳しい分析が出来ていないのですが、「特定したら一四～一五万人ではないか」

とも言われています。それで、半分強が労務者と言われている労働者で、軍人・軍属の方が少ないそうです。軍人・軍属に関しては、比較的名簿がそろっているので二〜三割がひょっとしたら特定出来るかも分からないと言われていますが、労働者に関しては名簿がそろっていないので一割も行かないんじゃないかと言われています。

資料が余り無いという事です。ですから名前を聞いて、先ほどのインターネット検索をしてどんどん分かるような例は、労働者に関しては、一割も満たないのではないかと言われています。

日本での強制動員真相究明ネットワークのことですが、これは七月一八日（二〇〇五年）に、冒頭で申し上げたようにして日本側のネットワークを創りました。本来なら韓国政府直属の「強制連行真相究明委員会」が出来たので、日本政府直属の「真相究明委員会」が出来て、ちゃんと対応するというのがスジですね。でも一向にそうなっていないので、民間サイドで強制動員真相究明ネットワークを創ったという事です。

日本政府の秘密主義

レジメの日本政府の秘密主義のところに、「厚生省名簿／供託金名簿／厚生年金名簿、軍人・軍属の名簿、日韓会談の議事録」と書きました。真相究明を妨げているガンは日本政府の秘密主義であろうという事になると思います。

私はこの辺を喋り出すとトーンが上がって来るんですけど、結局、資料を出さないという事です。しかし実際に資料はあるんですよ。例えば、強制連行された人が例えば三菱重工で死んだら、その人の名簿は厚生年金名簿にあるんですよ。

それから、いくら戦争中とはいえ、労働者として働かされた人は、被強制連行者であっても厚生年金に入って、登録されているんですね。

現在、社会保険事務所に行って調べてもらうと厚生年金の記録というのはいつでも出て来るじゃないですか。「私は、ドコソコの会社でどれだけの期間働きました」と言ったら、コンピュータからパパッと出て来るわけですよね。

ですから、何人かの朝鮮人も、直接本人か遺族が申請したら厚生年金の記録が出てきます。私も何件かのコピーを持っていますが、分かることになっているのです。

「ウチの父さんが、××事業所にいたはずだ」というので資料を請求したら、厚生省は出すんですね。そしたら「父さんは、いつからいつまでいた」と、そういう事が分かるんですね。でも個人情報保護とかいろんな事を言って公開しません。日本政府が本気でそういう労働関係の資料を集めたら、朝鮮人強制連行の実態はかなりのことまで分かるって事ですよ。それが「厚生年金の名簿」のことです。

二つ目に書いてあるのが「供託金名簿」。これも完璧に残っています。普通供託金というのは若干解説しますと、例えば家賃の交渉で決裂して、「五万円の家賃を一〇万円に上げる」と言う家主がいて、店子(たなこ)さんが「けしからん。五万円なら払えるけど、一〇万円なんてけしからん」という事で喧嘩になったとしたら、家賃を払わなかったら追い出されるんですよね。

それで供託するんです。「五万円は払う意志があります」と。それで、裁判で「五万円が妥当なのか、一〇万円が妥当なのか決着ついたら、それで家主と話がつきます」というものです。そういうのが供託金です。

例えば「一五万円の給料を二〇万円にせよ」という風に労使紛争で揉めて、経営者は「いや、一五万円しか払わない」という事になったら、給料を払わないで放っとく事は出来ませんから、一五万円分を供託して一応払う意志を表明することになります。

それで、強制連行で働かされた人の未払い賃金とかを、「その朝鮮人が帰ってしまった」とか「渡すべき遺族がいない」とかいう事で実際に強制連行された朝鮮人を働かせた企業が供託をしているんですよ。

本来だったら「金××さんの未払い金は××あります」と本人に通知しなければならなかったのですが、本籍とか分かっているのに通知してもいないのです。この供託金名簿も完璧にあるんですよ。

そして「厚生省名簿」があります。これも、いわく付きのモノですけど、一九四六年に戦争が終わってから、日本政府が強制連行の調査をして、関連企業に名簿を出させるわけですね。兵庫朝鮮関係研究会の故・金英達（キムヨンダル）さんらが、調査をして概要が分かったのです。それまで中国人強制連行は日本政府が名簿を作成していたけれども、朝鮮人に関しては何もしなかったはずだという風に、一九九〇年頃迄言われてたんですが、実際に作成していたんですね。

名簿は全部揃ったら、六〇〜七〇万人位あるはずなんですが、その内の六万七〇〇〇人の名簿が有るわけですね。そして、その名簿は一九九〇年、前年の韓国の大統領訪問に答えるかたちで「日本政府も、強制連行に関して韓国政府に資料を出さなければならない」という事になって、六万七〇〇〇人分の資料が「労働省の倉庫にありました」という事で、韓国政府に渡した。その後、日本政府は国内では発表しなかったが、民団経由で私達はその六万七千人分の名簿を見ました。

そこには、供託金の事を書いているものもありました。たまたま兵庫は約一万三〇〇〇人分、たくさん名簿が残っている方ですから、兵庫県の調査は結構進んでいる、生き残りの人も調査し易いという事になっています。日本政府はその資料の存在も、かなりの時期隠していました。そして現在はその一部だけがあったというわけですね。

厚生省名簿は当時、政府の通達に基づいて行なわれた調査ですから、私も正式の情報公開を請求して、『一九四六年の厚生省名簿に関する通達一斉』と書いて請求しましたが「無い」という事ですね。通達の文そのものも無いという返事です。我々は通達文は別の資料から持っているんです。

でも政府はその文章そのものも無いという事です。ですから、厚生省名簿に関しては、「未だ隠しているんじゃないか」と言っている人と、「もうないので無理かな」と思っている人がいます。私は無理かな派ですが、いずれにしても、そういう秘密主義が背後にあって、強制連行に関する調査が進んでいないという事です。

もう一つ「埋・火葬許可証」の問題もあります。埋・火葬許可証も残っている、ちゃんと保存されているんです。最近は、特に埋・火葬許可証を見せませんけれども、つい二～三ヶ月前に北海道のグループが北海道庁を突(つつ)いたら、一定程度埋・火葬許可証が出るようになりました。でもそういうものも出していないです。ですから、日本政府は、この半年位の間に韓国政府に促されてようやく企業調査を始めて、遺骨の調査も始めました。

私たちは強制動員真相究明ネットワークが出来てからすぐ厚生省に交渉に行きました。今回の企業調査では一〇八企業に出したと言うんです。それで色々考えたら、その一〇八企業というのは我々の予想通りでしたが、次のような説明でした。厚生省名簿に載っている企業が四四〇位で、ほとんどの会社は現在は消滅していますから、現在でも後継会社として追及出来るのは一〇八で、その企業を対象に今回調査をしたというのです。

単にそこに送っただけと言うのです。ですから不充分も良いとこですね。ですから、「恐らく全体が揃ったら六〇～七〇万人分にはなるであろう厚生省名簿の内の現在残っている六万七千人分名簿の会社四四〇社の内の一〇八社にだけに送った」という事になっています。

それから日韓会談の議事録も日本政府は隠しています。これも、韓国の方は政権が変わりましたから、韓国の真相究明委員会とか、その辺の動きで明らかになって来ました。

ですから、現在いま韓国政府の方も、議事録からいかに六五年当時、日本政府が韓国政府に強制連行の事を教えずに、「資料が無い」「資料が無い」と言って日韓交渉を進めて決着させたかという事が、徐々に明らかになっているところです。

遺骨問題を突破口に

ネットワークの取り組みの一つに遺骨問題があります。日本政府は遺骨に関してはしぶしぶながら動き出したということです。日本政府は、遺骨の事で誠意を示して、これで終わりにしたいというのがホンネのようです。強制連行に関して「全面調査」はしたくないということです。

逆に韓国の真相究明委員会は遺骨のことは、日本政府も取り組まなければならないと言っているので、これを突破口として考えているという面もあります。私たちもあくまで全面調査を求めています。

そして大切なことは遺骨というのは、単なる物質じゃないという事です。それは、「どういう風にして連れて来られて死んだか」という事ですね。それがどうして戦後ずっと放置されてきたのかなど、そういう骨にまつわる、すべての事が凝縮しているわけですから、その真相を明らかにするという事が大事なわけですよね。

例えば、函館の強制連行された朝鮮人の遺族が、遺骨を特定出来た稀有な例なのですけれども、遺族が来日したけれどもそのまま帰ったんですよ。日本政府に「なぜ連れて来られて、どこで死んで、戦後なぜ現在迄遺骨がある事を我々に説明しなかったのか。その説明を聞かない限り、遺骨は持って帰れない」という事で、そのまま帰ったという例も有るんです。

日本政府は「そんな事言わんと、骨だけ持って帰って下さい」という態度なんですけども、そういう事で決着がつくわけないですよね。ですから遺骨の問題だけが新聞に出ていますが、いま辛うじて強制連行問題の関連では遺骨問題がよく新聞に出ているという事です。

韓国の委員会は最終的には申請に対して「被害認定」を行ないます。個々の申請者に対して例えば「貴方の父さんは、確かに強制連行されて××で亡くなった」というような被害認定することになります。これは大変な作業となりますし、実際に物凄い調査が進んでいるわけです。

被害認定には基礎的な資料が必要です。浜松で高校の先生をされている竹内康人さんという方が、こつこつと作業をされて七〇頁のパンフレットを作られました。朝鮮人強制連行に関する文献を網羅的に収集して全国二七〇〇ヶ所位の強制連行地図を作ったんです。かなりオタッキーな方でもありますけれども、こういう人がいなければ調査は進まないんですよね。

何が便利かと言うと、全国の強制連行の事業所について出典の文献が有ることです。ですから、例えば長野県の××工業所に朝鮮人が強制連行されてきたということが記載され、パンフレットには「◎」と「●」に分類されていますが、●は文献でほぼ完璧に立証出来るもので、◎は「朝鮮人が働いていた事は立証出来るが、強制連行はどうか立証出来ない」ということです。◎と●を合わせて二七〇〇ヶ所位、●、すなわちほぼ間違いのが一五五〇ぐらいあるんですけども、こういう一覧表を作ったんです。このパンフレットは日本でも韓国でも利用されています。

強制連行された方の中には、まったくどこに強制連行されたか分からない人もいるし、九州に行った事しか分からない人もいるし、本州のどこに行ったか全然分からない人もいるわけですけども、各々出来るだけ事実と繋ぎ合わせるわけです。

そのときの基礎的な資料として竹内さんの強制労働全国一覧表は有益なものです。また、逆に韓国で出された被害申告から強制連行の実態がより明らかになることも期待できます。

我々はさまざまな強制連行調査をしていますが、生の証言は本当に集まりにくいのです。それでも今回の韓国でも被害申告に基づく調査から新しい証言が出てくる可能性があります。恐らく日本全国を調査しているグループも新しい証言を得て、調査が新しい段階に進んで行く事も考えられると思います。

それが、先ほどから現実感の有る歴史認識とかいう話をしていますけども、もっと具体的な形で強制連行の全体像が分かって行くという事になるんだと思います。ちなみに、この七〇頁のパンフレットの中で、兵庫県の事業所は◎と●をあわせて一三六ヶ所。神戸市内の事業所が二六ヶ所挙がっています。すでに知られていた事業所もありますが、意外な事業所もあります。基本文献ですので、是非買って帰るようにお願いしたいと思います。

日朝交渉への期待

最後に日朝交渉との関連です。いま交渉は頓挫しています。お互いの隔たりが大きいし、日本政府の方は、いわゆる拉致問題を大きくとりあげていますが、日朝交渉というのは、「日本と朝鮮民主主義人民共和国の国交を回復する」……つまり、当たり前ですが「いま国交が無いから回復する」のです。日本と韓国も国交回復したのは、「国交が無かったから」日韓条約をむすんだのですよね。なぜなかったか？ それは植民地であった韓国・植民地であった北朝鮮が戦後に、朝鮮側からみれば解放後に独立したから国交が無いんですよ。ですから、日本が植民地として支配していた地域に新しい国が出来たから、国交交渉が始まるわけです。だとしたら、基本的な問題は、「国が無かった時代をどう総括して、新しい国と日本が国交回復するか」が基本命題ですよね。

日韓条約においては、「韓国併合」以降の日本の三六年間の植民地支配をどう総括するのか、「悪い事を日本がしたら賠償する」というのが基本命題ですけれども、当時の朴正熙(パクチョンヒ)政権のもとで、そういう基本命題が基本命題と出来ずに、妥結しました。条約では「併合条約はもはや無効である」と規定しました。

この「もはや」は日本側では一九六五年の条約締結時点では無効と解釈し、韓国側では一九一〇年の併合時点に遡って無効であると解釈しました。正文の英語では「already」です。日本の役人が考え出したそうですが、日本側は併合条約は正しかったが、その後韓国が独立して無効となったもので、賠償金を支払うものではないとの解釈しました。

韓国側ではそのような説明を反対運動の盛んなときに出来るわけはなく、一九一〇年に遡って無効なので日本は謝罪したことになり、有償無償五億ドルのお金も経済援助金と日本政府は言っているが賠償金に近いものであると解釈して韓国国民に説明した。この相矛盾する説明を日韓両政府は互いに黙認することで、日韓条約を成立させたのです。

ですから日本と北朝鮮との国交回復交渉も、基本的には「その三六年間をどう総括して、どう補償するのか」が基本命題ですね。ですが、当時の朴正熙政権が歴史問題を妥協しても経済援助金を手に入れたかったという事情があったわけですが、日朝交渉においても、日本と韓国で結ばれたような事が繰り返される危惧も一方ではあります。

しかし、一九六五年当時とは格段に強制連行にかかわる過去の事実が明らかになっているわけですから、日韓条約のときのように被害実態を韓国側が立証せよというような単純なことを言えないはずです。

この前こういう話をしていましたら、小泉首相の話になりました。小泉はヒドイ奴ですけども、日朝交渉に関しては自制しているところがありますね。その面をどう見るかという議論でした。ある人が、「外務省的には歴史的事実を現在の時点でどう総括するかについては国際的な基準のようなものが分かっているんじゃないか?」と。

例えば拉致した人々に、一人一千万払ったら、最終的にそれが支払い終わった後、かつて強制連行した朝鮮人に対して多額の賠償金を支払わなければならなくなると認識しているのではないかという意見でした。

国際的な常識からしたらそういう事になるでしょう。国境を越える拉致・監禁の罪というのは、大きな罪であることは明らかなことですから、小泉は「そういう事が分かっているから自民党の右派よりマシではないか」というのです。

私は半分眉唾ですけど、半分は小泉あるいは日本の外務省に国際常識みたいなのがあって、拉致問題での暴走にプレッシャーを掛けているのかなという気もします。そういう面もあるのかもしれないと思います。

いずれにしても、今年は戦後六〇年です。歴史的事実を明らかにするという事では時間がかかりすぎているという考えもあります。それでも最近、神戸港強制連行の調査をして思いましたけど、六〇年経ちましたが、未だ調査の可能性はあるということです。ここ二年位の間に、神戸港の調査は、神戸で連合国軍捕虜収容所生活をさせられたオーストラリア人捕虜のことも明らかになり、その方も神戸にお呼びすることができました。

また韓国で生き残っている人にも名簿を頼りに韓国の面事務所の協力を得て会いに行ったりしましたし、中国人も何人か会えたし、神戸に来て下さった方もいます。ですから六〇年と言えば絶望的な気もしますけども、未だ調査の可能性があるという事だとも思います。

ですから暗い気持ちになる今日この頃ではありますが、強制連行に関しては未だ事実を更に明らかにする、そしてその明らかになった事実を広く知らしめそのことを梃子(てこ)にして戦後補償を求めていくことが必要とされているんだという風に思います。

（対話で平和を！　日朝関係を考える神戸ネットワーク主催の「東北アジアの平和を考え

る講演会——なぜ今、強制連行の真相究明か」（2005・11・27）の講演会にて、「強制連行真相究明運動の展望」と題して講演。本書ではタイトルを変更して収録した。もうひとりの講演者は内海愛子さん、「戦後処理の枠組み～戦争裁判と賠償を考える」）

第2部　神戸港 平和の碑

〈神戸港 平和の碑〉の建立と朝鮮人・中国人・連合国軍捕虜の強制労働

戦時中の神戸港・強制労働

神戸港ではアジア・太平洋戦争の時期に、朝鮮人・中国人・連合国軍捕虜が港湾荷役労働などで過酷な労働を強いられた。この事実は最近、「神戸港における戦時下朝鮮人・中国人強制連行を調査する会（一九九九年一〇月結成、代表・安井三吉神戸大学名誉教授。以下、調査する会とする）」の調査活動によって明らかになりつつある。すでにその成果が以下の単行本、ブックレットとして刊行されている。

①調査する会編『神戸港強制連行の記録――朝鮮人・中国人そして連合軍捕虜』（明石書店、

2004・1)、②調査する会編・発行『アジア・太平洋戦争と神戸港—朝鮮人・中国人・連合国軍捕虜—』執筆は宮内陽子(調査する会会員、兵庫県在日外国人教育研究協議会、2004・2)。

また資料集として、③日本港運業界神戸華工管理事務所・神戸船舶荷役株式会社『昭和二十一年三月華人労務者就労顛末報告書』(神戸・南京をむすぶ会復刻、1999・6)が出されているがこの原本は東京華僑総会に保存されていたものである。連合国軍捕虜に関しては神戸に連行されたオーストラリア人捕虜ジョン・レイン著の④『夏は再びやってくる—戦時下の神戸・オーストラリア兵捕虜の手記』(平田典子訳、2004・3、神戸学生青年センター出版部)も出版されている。

神戸港における強制連行問題は、①朝鮮人のみならず中国人、連合国軍捕虜が同じ地域および一部では同じ企業で強制労働を強いられた、②他の地域に比して比較的多くの資料が残されている、③それぞれの朝鮮人、中国人、連合国軍捕虜に生存者が存在し、戦後六十数年経ったのち神戸を訪問しているという特徴がある。

朝鮮人強制連行

数的にもっとも多いのが朝鮮人である。川崎重工業艦船工場にも朝鮮人が連行されているが、同社社史に次のような記述されている。

「同（一九四三）年末には内地における徴用労務源が不足を告げるに至ったので、その範囲を朝鮮に広げ、翌一九年には、艦船工場では約一六〇〇人の半島出身の〝産業戦士〟を迎えた」（『川崎重工業株式会社（本史）』七六一頁）

この一六〇〇人のうちの一人、朴球會さんが兵庫県社町におられる。朴さんの話によると当時の状況は次のようであった。一九四四年に徴用令状が来て川崎重工に来た。艦船工場東垂水第一寮に収容され、約一ヶ月の訓練ののち主に潜水艦の伝声管をつくる仕事に従事した。とにかく空腹だったことを記憶している。四五年六月の空襲で寮の仲間一六名が亡くなった。寮には警備員がいたが工場への往復のときに逃亡者が多く出た（神戸港調査する会編『神戸港強制連行の記録』一〇五―一一六頁）。

川崎重工業については、特殊鋼工場についてのものだが、次のような「銓衡場に於ける半島の徴用嫌避の実相」（高等法院検事局一九四四）と題する興味深い記録が残されている。

「去る（一九四四年）一〇月二七日新義州府に於て施行せられた兵庫県川崎重工業株式会社特殊鋼工場応徴士の銓衡状況に付ての情報が新義州検事正より齎（もたら）されたのであるが、銓衡場に出頭した全員悉（ことごと）くが意気沮喪して生気なく、而も凡ゆる卑屈な手段を弄（ろう）して徴用を免れようとする気運が極めて濃厚であった趣である」

この時二二歳から二三歳の青年一〇〇名の割当数に対して三八六の出頭命令書が出された。

実際に出頭したものは二七四名、出頭せずに「事由調査中」のものが一一二名、徴用令状を交付したのは一二〇名であるが、「適格者九一名に過ぎざるを以て考慮中の者より二九名を適格者に繰上げ一二〇名を銓衡決定」した。そして「出頭者の動向」については次のように記している。

「半死人の如き態度に出て、徴用官に於て激励するも何等感激せざるのみならず町医者診断書を提出して身体の故障を訴へ、或は身体検査に当り専任医官（道立医院内科々長）に対し僅な身体の故障を誇大に告げ、身体検査に依り不合格者となりて徴用より免れむとの気配濃厚なるものあり。……徴用出頭命令書を受領するや町医者或は道立医院医官を訪問し、身体の不健康なることの証明を受けんと總有（あらゆる）手段を講じたる形跡あり」

また「応徴士竝家族の言動」として「先輩応徴士の通信に依ると、食糧不足と衣料不足に依り困難する外、応徴士を満支人苦力の様に使役し、中には逃走する者、工場側と喧嘩し留置されるもの等言葉に余るものある由。我々は徴用と言へば地獄にでも引張り込まれる様な気がして、当局の命令なればこそ已むなく応ずる訳だ（応徴士）／最近内地は敵の空襲を受け、各工場に従業した工員は殆んど骨も拾へぬと言うことだが、内地に応徴した者は更に郷里に帰る事は出来ないから之が最後の別れです（家族）」

さらに医師の話として「第一次徴用より今回迄の間に、何れも出頭命令書の交付あれば其の時より毎晩の如く夜間私の家を尋ねて何とか病名を付けて忌避出来るようにと哀願するものの数を知らず」という話も紹介されている。いずれも朝鮮人に対する徴用の厳しさがうかがい知れる資料である。

神戸船舶荷役株式会社

神戸船舶荷役株式会社では、朝鮮人・中国人および連合国軍捕虜が労働を強いられたが、残されている朝鮮人についての名簿を分析すれば次のようなことが分かる。

連行された朝鮮人は一四八八人で全員が「官斡旋」であり、入所年月日は、一九四四年九月一〇日、六五五人、九月一四日、二四人。一二月二三日、五九人で職種はすべて沖仲士、退所事由については、死亡一人、病気送還一〇人、逃走二七人、帰国一一〇人（四五年一〇月八日）となっている。年齢は、一〇代三八人、二〇代六六人、三〇代三二人、四〇代一〇人、五〇代二人で入所時において最年少は一四歳、最高齢は五四歳であった。この名簿をもとに韓国の役所に問い合わせて生存者を確認することができ、当地でインタビューも行なった。そのお一人李（イ）南淳（ナムスン）さんの証言の一部を紹介する。

Q　日本に来ることになったきっかけは。

A　日帝時代には面事務所に参事（チャムサ）というのがいた。その参事が行きなさいというから行った（つまり官斡旋ということになる）。

Q　通知文書はありましたか。

A　徴用令状はあった。あったから行った。紙切れ一枚の令状だった。

Q　言葉だけでなく、令状をちゃんともらって行ったんですね。

A　強制的やった。令状の紙を持ってきて行きなさいというから行った。強制的だった。

Q　何日後に来なさいということで行ったのか。

A　来いというから訳も分からずついて行った。ついて行ったら強制的に連れて行かれた。

Q　準備もせずに行ったんですか。

A　そう。

Q　強制的に行かれたんですね。

A　その頃は全部強制だった。

Q　望んで行ったことではないんですね。

A　その時分は相手が役所なので、逆らうことは出来なかった。

Q　行かなかったらどうなるんですか。

A　どこまでも追いかけてくるから、そういうことは出来ない。

Q　その時何人ほど行きましたか。

A　金堤から直行で汽車に乗って釜山まで行った。その当時、全羅北道が全部、金堤と直結されているのかわからないけど、その車両の中にたくさん人が集まっていた。釜山から埠頭に集められ船に乗って下関まで行った。下関から汽車に乗ってみんな各地に行ったんではないかな。

Q　監視の見張りはついていましたか。

A　あまりに人が多くて監視員がいたかどうかわからない。責任者はいたような気がする。

Q　何人ぐらい神戸に行きましたか。

A　ここ（金堤）から行った人は、みんなそこ（神戸）に行った。

Q　その当時、交通の便は不便だったのですか。

A　汽車の中はそれほど不便なことはなかったけど、船が大変だった。胃の中のものが全部あがってきてもどした。

Q　船に乗った人がみんな神戸に行ったのか。

A　みんな荷役作業場に配置された。

Q　神戸船舶株式会社に間違いないですか。

A　そうです。

Q　どんな仕事をしましたか。
A　私はその当時、年が幼いので事務所の開け閉め当番や掃除をしました。
Q　その後他の仕事はしましたか。
A　他の仕事はしていない。
Q　勤務時間は。
A　朝八時から夜六時頃まで仕事した。
Q　会うまでは大変な苦労をしたと思っていましたが。それほどの苦労じゃなくて安心しました。
A　その後が大変だったんです。（妻）
Q　事務所はどこにありましたか。覚えていますか。
A　敷地の中に有ったんじゃないかな。六〇年もなるから記憶していない。紙に書いておけば覚えている。
Q　宿舎はどこで、どんなふうでしてか。
A　みんな共同で寝た。飯場のようなところで寝ました。近くだった。
Q　食事はどうでしたか。
A　ご飯は弁当式だった。味は食べれた。

Q　キムチは出ましたか。
A　出なかった。肉類は、馬、くじらだった。
Q　どのようにして帰国したのですか。
A　帰ってくるときは病気で帰ってきた。地下足袋一足くれたから、それを履いて帰ってきた。その時むこうで、会社が募集して戻ってくる船に乗せられて帰ってきた。
Q　帰りに餞別は、ボーナスはありましたか。
A　そんなのない。あるわけないでしょ。

中国人・連合国軍捕虜

中国人については先の復刻した『事業場報告書』により確認をとり中国国内でのインタビューおよび一名の招請を実現している。連合国軍捕虜についてはジョン・レインさんが先に紹介した本の出版記念会に合わせて来神を果たしたのである。

このジョン・レインさんのケースについてここで紹介してみたいと思う。

一九二二年イギリス生まれのジョン・レインさんは、一九三二年オーストラリアに渡り一九三八年フェアブリッジ農場学校を卒業後、一九四一年オーストラリア帝国軍隊に入隊する。一九四二年二月一五日、オーストラリアを出発してから数週間もたたないうちに「シンガポール陥落」により一〇万人の捕虜の一人となった。チャンギー収容所で短期間拘束された後、日本（神戸）に移送された。神戸では、吉原製油での労働の他に先に紹介した上組などで港湾作業を強いられた。彼の手記は、三年半の捕虜生活、とりわけ神戸での捕虜生活をリアルに書いている。幸い彼が捕虜生活を通して秘密裡につけていた日記が残されており、それをもとに手記を書かれたのである。

一九四三年六月八日に下関経由で神戸についたレインさんは、神戸分所に入り翌日から日本語の号令で訓練を受けた。「三井高浜倉庫、神戸船舶荷役などの日本の会社は、我々にとって、コールズやウールワースといったような会社の名前と同様、すぐになじみ深いものとなった。これらの会社の倉庫はいずれも大きく、人工的に作った海岸沿いの敷地に点在しており、我々オーストラリア兵のほとんどがそこでの労務を命じられた。／吉原製油所では「盗み」が発覚して営倉に入れられることもあったが、生きるためにピーナツなど巧みに盗み出している。一九四四年六月一六日、我々は最初の空襲警報を聞いた。それ以後、サイレンの回数は日ごとに増え続けたが、それは空軍機攻撃の始まりを知らせるものであり、大日本帝国の崩壊が徐々に

ジョン・レイン氏、神戸の元収容所跡（脇浜）で

進んでいる兆候でもあった」

　そして翌一九四五年六月五日の神戸大空襲で神戸分所は焼失して通称丸山分所に移動した。その後脇浜収容所に移動してそこで終戦を迎えた。八月二四日にはそこで祝賀行事が行なわれ、そこには民間人抑留所にいた人々も加わった。そして九月六日、神戸三宮を出発して横浜、厚木基地、沖縄嘉手納基地、フィリピンを経由して、一〇月一三日シドニーにもどったのである。

　ジョン・レインさんは出版記念会で再び神戸を訪れそこで「私は神戸というこの街での私の経験を、皆様に語らなくてはならない使命を負っているということなのです」と語っている。

〈神戸港 平和の碑〉の建立

　調査する会は当初より、記録を残すと同時に石碑の建立を目指していた。「石に刻み、心に刻む」ことが、大切なことだと考えているのである。

　当初、石碑は神戸市の公園内に設置することを希望していた。しかしその交渉は成立せずに、市有地に建立されることになった。建立予定地は、神戸市中央区海岸通のＫＣＣビル前、華僑歴史博物館のあるビルの前だ。横には非核神戸方式のモニュメント「美海ちゃん」の像がある。

　石碑の名称は〈神戸港　平和の碑〉、朝鮮語、中国語、英語とともに以下のように刻まれる。

「アジア・太平洋戦争時期、神戸港では労働力不足を補うため、中国人・朝鮮人や連合国捕虜が、港湾荷役や造船などで苛酷な労働を強いられ、その過程で多くの人々が犠牲になりました。私たちは、この歴史を心に刻み、アジアの平和と共生を誓って、ここに碑を建てました。

二〇〇八年七月二一日

神戸港における戦時下朝鮮人・中国人強制連行を調査する会」

(『科学的社会主義』第124号、2008・8)

「神戸港 平和の碑」に込められた思い
——アジア・太平洋戦争と朝鮮人・中国人・連合国軍捕虜

二〇〇八年七月二一日、「神戸港 平和の碑」が完成した。アジア・太平洋戦争の時期に神戸港で強制労働を強いられた朝鮮人・中国人・連合国軍捕虜の歴史を刻んだものだ。神戸港における戦時下朝鮮人・中国人強制連行を調査する会（以下、調査する会。代表・安井三吉）が設置した。

兵庫県内の戦争の歴史を記録し伝える取り組みの一つとして、この問題を報告する。

朝鮮人と神戸港

朝鮮人強制連行は、一九三八年の国家総動員法に基づいて翌三九年「募集」という形態で始まった。しかしこの方式で労働者を集めることが困難になると四二年「朝鮮人労務者活用ニ関スル決定」を閣議決定して面など各行政単位毎に労働者数の割当を求める「官斡旋」方式に転換する。戦争末期になるとはそれでも必要数を集めることができなくなり四四年九月、「徴用」方式を朝鮮半島においても実施するようになった。

兵庫県では、早くも一九三九年に朝鮮人が連行されて来ている。神戸に強制連行された朝鮮人の正確な人数を把握することは困難であるが、厚生省が一九四六年に作成した「朝鮮人労務者に関する調査の件」（いわゆる「厚生省名簿」）によって一部の名前を確認することができる。この名簿は厚生省勤労局の指示によって一九四六年に都道府県が行なったものだが、残されているのは一六県、六万六九四一人分である。記録の残っていない都道府県の方が多いが、兵庫県関係のものは、一万三四七七人の名前があがっていて最も多い。名簿によると兵庫県下で最も人数の多いのは播磨造船所の二二〇二人、ついで三菱重工業神戸造船所一九八四人、川崎重工業葺合工場一三九八人、三菱生野鉱業所一三四〇人となっている。他に神戸関係では、神戸製鋼所本社工場四一三人、川崎重工業兵庫工場二二一人、神戸貨物自動車一六二人、神戸船舶荷役一四八人、日本制動機一一八人などとなっている。

神戸船舶荷役株式会社と朝鮮人

神戸船舶荷役株式会社に連行された一四八人の朝鮮人については、この名簿から次のことが明らかになっている。全員が官斡旋であり、入所年月日は、一九四四年九月一〇日、六五人、九月一四日、二四人。一二月二三日、五九人で職種はすべて沖仲士、退所事由については、死亡一人、病気送還一〇人、逃走二七人、帰国一一〇人（四五年一〇月八日）となっている。年齢は、一〇代三八人、二〇代六六人、三〇代三二人、四〇代一〇人、五〇代二人で入所時において最年少は一四歳、最高齢は五四歳であった。

この名簿に基づいて二〇〇〇年二月、本籍地をもとに韓国の自治体に問い合わせを行なった。送り先は、忠清南北道、全羅北道、慶尚南道の二市二邑二三面の計二七ヶ所である。最終的に四四％の回答率であったが、生存者が確認できたのは全羅北道金堤市龍池面の李南淳（イナムスン）ただ一人であった。二〇〇〇年八月、調査する会が現地調査を行ない李南淳（一九二七年生まれ、連行当時一七歳）にインタビューも行なっている。

川崎重工業の朝鮮人労働者

ほかに神戸港関連では、厚生省名簿にはないが川崎重工業艦船工場に朝鮮人が連行されてきている。同社社史に、「同（一九四三）年末には内地における徴用労務源が不足を告げるに至ったので、その範囲を朝鮮に広げ、翌一九年には、艦船工場では約一六〇〇人の半島出身の〝産業戦士〟を迎えた」とある。

この一六〇〇人のうちの一人、朴球會が兵庫県社町にいた。朴球會の話によると当時の状況は次のようであった。一九四四年に徴用令状が来て川崎重工にきた。艦船工場東垂水第一寮に収容され、約一ヶ月の訓練ののち主に潜水艦の伝声管をつくる仕事に従事した。とにかく空腹だったことを記憶している。四五年六月の空襲で寮の仲間一六名が亡くなった。寮には警備員がいたが工場への往復のときに逃亡者が多く出た。

また神戸空襲にあった朝鮮人について韓国の研究者・金仁徳（キムインドク）が証言を紹介している（金仁徳『強制連行史研究』景人文化社（ソウル）、２００２、調査する会ニュース10号、２００８・12に堀内稔が翻訳紹介）。

中国人の神戸港への強制連行

戦時中日本には三万八九三五名の中国人が強制連行され一三五の事業所で強制労働をいられた。その内六八三〇名（一七・三％）が死亡している。一九四六年、日本政府は『華人労務者就業報告書』、いわゆる『外務省報告書』を作成したが、その時、一三五ヶ所の事業所すべてについて『華人労務者就労顛末報告書』（いわゆる『事業所報告書』）を作成している。『神戸港報告書』は、そのうちの一冊で、神戸港には一一七番という番号がふられている。

神戸港に連行された中国人は九九六名、そのうち三三〇名が、神戸空襲により神戸での作業が困難となってのち、室蘭、七尾、敦賀に「移送」されている。『神戸港報告書』、『外務省報告書』（『資料　中国人強制連行の記録』、三一〇～三一三頁）および「中国人強制連行に関する報告書　第四編　連行された中国人の名簿」（『資料　中国人強制連行の記録』、五六三～五七三頁）によると神戸港に連行された中国人は、三つのグループ、①福富華工（特別）、②日華労務（自由）、③華北労工協会に分けられている。神戸港では、一七名の中国人が亡くなっている。

宿舎は空襲で何度か移転しているが、新華寮は、現在の中央区北長狭通七丁目、宇治川商店街南入口東にあった。戎井旅館を接収したものだった。

神戸港で働かされた黄国明さんは、神戸港が機雷封鎖されたあと、再び神戸から七尾に連行された方だが、一九九九年七月、七尾訪問のあと神戸も訪問してくださり、労働内容、寄宿舎のことなどを証言してくださった（朝日新聞、1999・7・28）。

神戸港の『事業場報告書』に記載されていた名前は、学生ボランティアによりパソコン入力され、それをもとに集中的に連行されている地域を選んで二度にわたって中国での聞き取り調査が行なわれた（神戸新聞、2000・9・9ほか）。

連合国軍捕虜と神戸

神戸港における連合国軍捕虜の実態については、『三井倉庫五〇年史』などの中で断片的に触れられる程度であったが、朝鮮人・中国人強制連行の調査の過程で、その実態もより鮮明になった。兵庫県下の捕虜収容所は大阪捕虜収容所の管轄下におかれていた。県下の捕虜数は、一万六三六二人、神戸市内では五四五名であった。神戸市内の捕虜収容所は、

①神戸分所（神戸市神戸区伊藤町二八、現在の東遊園地西側の神戸港郵便局およびその東側の駐車場のあたり）
②川崎分所（長田区丸山町二丁目、現在の神戸市総合療育センター）
③脇浜（わきのはま）分所

この脇浜分所に終戦時収容されていた捕虜四八八人の内訳は、イギリス、三六〇人、オーストラリア、七三人、アメリカ、二六人、中国、二人、その他、二七人である。捕虜の労働は、神戸船舶荷役、川崎製鉄、川崎重工業、川崎重工艦船工場、三井倉庫、住友倉庫、三菱倉庫、昭和電極、上組等で行なわれた。

元オーストラリア兵捕虜ジョン・レインは、神戸捕虜収容所に関して貴重な記録『夏は再びやってくる（原題、Summer Will Come Again）』を残している。一九二二年イギリス生まれのジョン・レインは、三二年オーストラリアに渡り三八年フェアブリッジ農場学校を卒業後、四一年オーストラリア帝国軍隊に入隊した。アジア・太平洋戦争開戦後、オーストラリアを出発して数週間もたたないうちに四二年二月一五日、「シンガポール陥落」により一〇万人の捕虜の一人となり、チャンギー収容所に収容された。四三年六月八日、下関経由で神戸に移送された。捕虜生活を通して秘密裡につけていた日記があり、それをもとに神戸での捕虜生活について詳細な手記を書いている。辛かった神戸での捕虜生活についてユーモアを交えて書いているのである。

捕虜病院と神戸空襲、大橋平次郎軍医

一九四四年七月に開設された神戸捕虜病院は、現在の神戸市文書館（旧南蛮美術館、神戸市中央区熊内町一丁目）の南にあった神戸中央神学校を日本軍が接収して使用していた。神戸分所と同じく四五年六月五日の神戸大空襲で焼失し川崎分所に移転している。その空襲のときのことを南蛮美術館の池永孟の娘高見澤たか子は、「南隣の神学校の建物に収容されていた米軍捕虜が、一階の澄の部屋に飛び火したのを消し止めてくれたのである」と回想している（高見澤たか子『金箔の港――コレクター池永孟の生涯』筑摩書房、１９８９、三〇六頁）。

この病院には、日本人軍医・大橋平次郎が勤務していたが、彼は、捕虜を「人間の尊厳を持って接してくれ」たという。二〇〇二年三月に、当時、同病院に収容されていたアメリカ人軍医・マーレー・グラスマンが、大橋の消息を尋ねて、病床の本人の代理で息子・ジョン・グラスマンが神戸を訪問した。すでに亡くなっていた大橋平次郎自身とは会うことができなかったが、その息子と面会を果たした（毎日新聞、２００６・８・９）。

また調査する会の連合国軍捕虜関連の学習会に参加してくださった松本充司さんは、当時、日本軍の連合国軍捕虜を統括する任務についていたが、民間人抑留所に抑留されていた連合国

の「婦女子」が神戸空襲で被害を受けなかったかその後ずっと気にされていたという。当時の様子を証言してくださり後日、神戸の連合国軍捕虜関連地図を調査する会に寄贈してくださった（神戸新聞、２００２・10・16）。

連合国軍捕虜に関しては朝鮮人・中国人の場合に比べてより多くの証言が寄せられたが、神戸市北区在住の東條義子さんは、丸山の川崎収容所の痩せ細った捕虜を見て、塀の穴からこっそり豆を投げいれた体験を語ってくださった。

また興味深いラジオ番組を紹介してくださる方がおられた。それは、ラジオ関西「おもしろ神戸・ひょうご」で横山ノックさんが連合国軍捕虜のことを語っていたのである。新開地を行進させられているオーストラリア人捕虜に監視の目を盗んでたばこの吸い殻をあげたというのである（ラジオ関西、２００６・７・24）。

調査する会の活動

調査する会結成の直接的な契機は、一九九九年三月の神戸・南京をむすぶ会（以下、結ぶ会）の勉強会での櫻井秀一さん（大阪・中国人強制連行を記録する会）の発言だった。大阪中国人強制連行の報告ののちに、神戸港でも中国人強制連行があったことに触れられたのである。むすぶ会は、調査に取り組む事とし資料収集を始めた。東京の華僑総会に所蔵されている神戸港の

「事業場報告書」（１９４６・３）を入手・復刻して本格的な調査がスタートしたのである。

朝鮮人強制連行については、兵庫朝鮮関係研究会、むくげの会、神戸学生青年センターなど

右がジョン・レインさん、左は訳者の平田典子さん

神戸港 平和の碑

が調査を進めていた。むすぶ会とこれらの団体が更に県下の団体・個人に呼びかけて、一九九九年一〇月に調査する会が結成されたのである。連合国軍捕虜の問題については、調査する会事務局に参加した平田典子が中心となって調査を進めた。

会では、ほぼ毎月運営委員会が開かれ調査の進展状況を共有した。ニュースは一号（２０００・２）から一〇号（２００８・11）まで発行された。また現場を訪ねるフィールドワークも朝鮮人、中国人、連合国軍捕虜をそれぞれテーマとして行なわれた。そのことが新聞報道されることにより、新たな証言が寄せられるということもあった。フィールドワーク・ノートも出されている。新しい事実が見つかればそれをテーマとした講演会も開催した。

アジア・太平洋戦争の時期のことであり当時を知る証言者は見つからないのではないかと危惧されたが、幸い朝鮮人、中国人、連合国軍捕虜について、それぞれ複数の証言を得ることができた。

調査する会は当初から調査し記録を出版することを目標としていた。中学校の副教材とすべての調査結果を網羅した研究書の二冊を出そうとしたのである。副教材は残念ながら教育委員会に採用されなかったが、調査する会編・発行『アジア・太平洋戦争と神戸港――朝鮮人・中国人・連合国軍捕虜』（２００４・２）を発行した。研究書としては、けっこう大部な『神戸港強制連行の記録――朝鮮人・中国人そして連合軍捕虜』（明石書店、２００４・１）を発行した。

また、先に紹介したジョン・レインさんの手記『夏は再びやってくる――戦時下神戸・元オーストラリア兵捕虜の手記』（平田典子訳、２００４・３、神戸学生青年センター出版部）も出版することができた。

「歴史を心に刻み、石に刻む」、これは、調査する会のキャッチフレーズでもあったが、その石碑も完成した。石碑はこのような歴史を知ろうとする次の世代にきっかけを与える物として重要であり、実際その碑がフィールドワークの訪問先となっている。私たちが案内を依頼されることも多くなっている。

神戸に生まれ育った私であるが、一九九〇年代までこれらの事実を知らなかった。アジア・太平洋戦争の時期に、もちろん日本人も困難な状況におかれたが、朝鮮人・中国人・連合国軍捕虜が、より過酷な状況におかれていたことを知ったのである。私たちの地域の埋もれた歴史はまだまだあるのではないかと思う。これからも歴史を掘り起し次の世代に伝えていくことの必要を感じている。

※本文で紹介したものの他、飛田雄一「アジア・太平洋戦争下、神戸港における朝鮮人・中国人・連合国軍捕虜の強制連行・強制労働」（『世界人権問題研究センター研究紀要』14号、２００９・３所収、前著『心に刻み 石に刻む』に再録）を参考にした。

（『歴史と神戸』２０１５・８）

第3部　論考

真の国際的共生への道
——戦後責任を果たすために今なすべきこと

強制連行を考える全国交流集会

今年（一九九三年）の七月末、奈良県の信貴山で「第四回朝鮮人・中国人強制連行・強制労働を考える全国交流集会」が開かれた。全国各地から四〇〇名を越える人々が集まり、交流の機会を持った。

強制連行問題については、一九九〇年の韓国・盧泰愚大統領の訪日の際、日本政府が朝鮮人の被強制連行者の名簿の提供を約束したことから、マスコミで盛んに「名簿探し」として取り上げられることとなった。マスコミの取り上げ方は、「名簿探し」に集中し過ぎたきらいはあるが、その間の報道により日本の多くの人が、強制連行の問題をより理解するようになった功績は大きいと思う。

強制連行というのは、侵略戦争を推し進めていた日本政府が、国家総動員体制のもとで、一九三九年より朝鮮人の強制連行を行なったものだ。当時植民地であった朝鮮半島から「本土」、サハリン、東南アジア、南洋諸島など日本の支配地域へ強制的に連行したのである。「本土」においては、各地の炭鉱、鉱山、軍需工場あるいは飛行場、鉄道、ダム、地下工場などの土木工事現場で強制労働を強いられた。たとえば「内地」の炭鉱等に動員された一九三九年から四五年までの数として、大蔵省『日本人の海外活動に関する歴史的調査・朝鮮編』（１９４７）には、七二万四七二七人があげられているが、明らかではない。

全国交流集会は、九〇年夏に名古屋で第一回目が開かれたが、各地でグループを作って聞き書きを中心とした調査活動をしている人や、一人で長年こつこつと調査・研究を続けてこられた人などが一堂に会した。行政に保存されている資料の「発掘」の方法から、聞き書きのテクニック、地下工場跡の保存方法、さらにはビデオの作り方まで経験を交流することができた。九一年は兵庫県で、九二年は広島県で開かれ、今年は奈良県で開かれたのである。

この交流集会は、組織的な支援は全くないボランティア的な集まりである。当初は、朝鮮人が強制労働を強いられた地下工場跡を調査していた何人かが「全国トンネル会議を開こう」というアイデアから全国交流集会は生まれたのである。

様々な戦後補償問題

昨今、日本の侵略戦争に対して戦後補償を要求する動きが起こっている。それはアジア全域から起こっているといっても過言ではないが、それは日本がいかに広大な地域で侵略行為を行なっていたかを示している。フィリピンからの「従軍慰安婦」裁判の提訴、香港の「軍票」をめぐる問題などである。

日本国内においても、日本軍に軍属として徴用され負傷した朝鮮人が「日本国籍」でないという理由で、軍人恩給を一円の補償も受けられないことに抗議して、裁判が始まっている。日本の植民地支配のもとで国を奪われた末に日本臣民として日本軍に徴用された朝鮮人が、戦後に「外国人」となったという理由で排除されるのは、どう考えても納得がいかないことである。

また、南洋の捕虜収容所で捕虜を虐待した戦犯として絞首刑となった朝鮮人元軍属のことはＮＨＫのドキュメントでも取り上げられたが（「チョウ・ムンサンの遺書」１９９２・８・15）、二重、三重の苦しみを負わせたことに心が痛む。彼の場合は、収容所の朝晩に捕虜の点呼をする係で、収容所の所長よりも捕虜に顔を覚えられていたことから重刑に処せられたという。

また従軍慰安婦問題について日本政府は、つい一昨年までいわゆる日本軍とは関係ないものだという「民間業者説」をとっていた。しかし、防衛庁図書室などから軍の関与を示す資料が発見されたことなどから、当時の宮沢首相の訪韓のときに「民間業者説」を放棄したのである。その四ヶ月前に日本政府の「民間業者説」に対していてもたってもいられなくなり、はじめて元「従軍慰安婦」の金学順(キムハクスン)さんが名乗りを上げたことは記憶にも新しいことだと思う。金学順さんも、自分が夫と子どもを失って天涯孤独であることから証言することができたとも語っていた。

元「従軍慰安婦」であったことを証言し、かつ裁判まですることは、とても勇気のいることだが、在日朝鮮人の中でも証言する方が現われ、裁判を提訴するまでにいたるというような状況が起こっている。

近年、強制連行・強制労働についての調査活動は進展を見せているが、いくつかの「壁」があり、充分には行なわれていないというのが現状である。一つは、「時間」の壁である。当時、強制連行を体験した朝鮮人の年齢は、敗戦後五〇年近くを過ぎると当然のことだが高齢化が進んでいる。貴重な「証言」を得るための時間が限られているのである。また、統計的にみると強制連行の時期に日本に来た人の方が「帰国率」が高いが、このことが日本国内で強制連行の体験者を探すことがむずかしい理由ともなっている。

もう一つの「壁」は、政府・地方自治体の「秘密主義」である。先の奈良集会で発表されて話題を呼んだ「名簿」は、日本政府から韓国政府に引き渡されたもので、在日本韓国居留民団（現・在日本大韓民国民団）を通して公表されたものであるが、日本政府自身はそれを公表しようとしなかったものである。

次々と明るみになる事実

先の盧泰愚大統領の訪日の際に強制連行者の名簿の引き渡しを約束した日本政府は、一九九〇年八月に約八万名の名簿を引き渡した（九一年三月には二次分、九二年一二月には第三次分を引き渡している）。その主要な部分は、労働省の倉庫に保管されていたというもので、一六県分・六万六九四一名分の名簿であるが、今夏、奈良集会で公表された。この名簿には、事業所毎に分けられたそれぞれの強制連行された朝鮮人について、本籍、生年月日、入所日、退所日、退所理由、未払金、厚生年金等について記されている。去る八月一日にＮＨＫが、この名簿をテーマにしたドキュメント番組を放映したが、この名簿の公開により各地の強制連行調査活動がさらに一歩前進することになろう。

また昨年はじめには、朝鮮人の軍事郵便貯金のことが明るみに出た。韓国在住の元「従軍慰安婦」の文玉洙（ムンオクス）さんが、下関で軍事郵便貯金の残高の公表を求めたことによるが、「従軍慰安婦」

が軍人軍属が貯金をする軍事郵便貯金をもっていたことだけでも軍の関与を示すものである。当局は、彼女の分のみ公表したが（返還は行なっていない）、膨大に存在しているであろう朝鮮人・中国人の未払い軍事郵便貯金について公表が待たれる。また、戦後に、強制連行労働者への未払い賃金・退職金について、ＧＨＱの指示を受けて、朝鮮人団体に支払うことのないように地方法務局に対して行なった「供託金」についても公表が待たれている。

現在、一時中断している日朝交渉における補償問題において日本政府は、郵便貯金等の具体的な資料の提示を要求しているが、一方で公表を控えながら資料を要求するというのはいかがなものかと思う（戦後補償をめぐる諸問題については、田中宏他監修『戦後補償ハンドブック』（梨の木舎）が便利である）。

今年の奈良集会でも全国各地での取り組みについて六〇本もの報告がなされた。広島県の三神線、黒部第三ダム、奈良県天理柳本飛行場、屯鶴長野県里山辺、静岡県掛川飛行場、兵庫県生野鉱山、岐阜県可児市、瑞浪市、三重県半田市、石川県加賀市、福岡県馬渡等の地域の報告や教育実践、裁判の現状が論点であった。

来年の「朝鮮人・中国人強制連行・強制労働を考える全国交流集会」は、長野県の松代で開かれる。松代は、太平洋戦争末期に日本軍が「安全な」信州に「松代大本営」を築こうとして大規模な工事を始めたところである。この工事に多くの朝鮮人が動員されたことはよく知られている。

今後の展望と課題

強制連行の調査活動は、戦後五〇年近く経った今、先に述べたような溢路はあるが、少しずつ進展している。遅きに失したという面もあるが、私たちの日本の「今」を知るために理解しておくべき必須の「歴史」であることに変わりはない。

交流集会での各地の調査報告を聞いていると、全国各地で、戦争中の朝鮮人の強制労働の跡がみられる。私自身、強制連行といえば北海道や九州の炭鉱、鉱山だけをイメージしていたが、決してそうではない。

地下軍需工場にいたっては、「全国各地はトンネルだらけ」といっても過言ではないような状況である。各地の市民グループ、学校の教師らが自分たちの「郷土の歴史」として進めている調査活動は、まさに自分たちのよって立つ足元を調べていることでもある。

また、これらの歴史を共有の財産とするために例えば地下工場跡などを「遺跡」として保存することも求められている。古代の遺跡だけが遺跡ではなくて、これらの工場跡などは、まさに「生きた教材」として保存されなければならないだろう。ドイツでは、ナチスの蛮行を歴史に刻むために収容所が記念館として保存されたりしているが、日本に、加害の歴史を記録する記念館がないことは恥ずかしいと思う。私は、各地の朝鮮人の強制連行に関する遺跡が文化財として保存されることを願っている。

国際貢献が叫ばれる今日、自らの加害の歴史を忘れ去り、その一方で戦後補償を充分に行なわずに、国際貢献を叫ぶこと、とくに、かつて日本が侵略を行なったアジアの地域に対して叫ぶことでは、決してそれら諸国と真の友好関係を結ぶことには繋がらないと思う。

（「ＪＹＶＡ ＬＥＴＴＥＲ」１９９３・10・１）

兵庫の在日朝鮮人史研究を再スタートさせましょう

在日朝鮮人史の研究はそれぞれの地域で研究が進められている。その中でも兵庫県の研究は、進んでいる方ではないかと思う。本報告では、このテーマでの成果についての整理を行ないたい。あわせて最近出版された本のなかから兵庫県に関する記述を取り出して従来の研究を補充する資料として紹介し、兵庫の在日朝鮮人史研究を更に進めるためのきっかけとしたい。

兵庫の主な刊行物

兵庫県の在日朝鮮人史に関する単行本として、以下のものが出版されている。発行年順に紹介する。その他、論文と阪神教育闘争に関する本については省略する。漏れているものがあれば補充をお願いしたい。

①兵庫朝鮮関係研究会（以下、「兵朝研」とする）『兵庫と朝鮮人―祖国解放四〇周年を記念して』ツツジ印刷、1985・9

②金慶海・徐根植・宋成一・鄭鴻永・洪祥進『鉱山と朝鮮人強制連行』明石書店、1987・8

③兵朝研『地下工場と朝鮮人強制連行』明石書店、１９９０・７
④金慶海・堀内稔『在日朝鮮人・生活擁護の闘い：神戸・一九五〇年「11・27」闘争』神戸学生青年センター出版部、１９９１・９
⑤朝鮮人強制連行真相調査団『朝鮮人強制連行調査の記録〈兵庫編〉』柏書房、１９９３・10
⑥兵朝研『在日朝鮮人九〇年の軌跡 続・兵庫と朝鮮人』神戸学生青年センター出版部、１９９３・12
⑦鄭鴻永『歌劇の街のもう一つの歴史―宝塚と朝鮮人』神戸学生青年センター出版部、１９９７・１
⑧堀内稔『兵庫朝鮮人労働運動史八・一五解放前』むくげの会、１９９９・２
⑨『兵庫のなかの朝鮮』編集委員会『兵庫のなかの朝鮮』明石書店、２００１・４
⑩兵朝研『近代の朝鮮と兵庫』明石書店、２００３・11
⑪神戸港における戦時下朝鮮人中国人強制連行を調査する会『神戸港強制連行の記録』明石書店、２００４・１
⑫神戸港における戦時下朝鮮人中国人強制連行を調査する会『アジア・太平洋戦争と神戸港―朝鮮人・中国人・連合国軍捕虜』同会、２００４・２
⑬兵朝研『兵庫の大震災と在日韓国・朝鮮人』社会評論社、２００６・12

⑭篠山市人権同和教育研究協議会『デカンショのまちのアリラン―篠山市&朝鮮半島交流史古代から現代まで』同協議会、２００６・12
⑮兵朝研『兵庫の大震災と在日韓国・朝鮮人』社会評論社、２００９・12
⑯徐根植『鉄路に響く鉄道工夫アリラン　山陰線工事と朝鮮人労働者』明石書店、２０１２・５
⑰高祐二『韓流ブームの源流　神戸に足跡を残した韓国・朝鮮人芸術家たち』社会評論社、２０１２・６

他にブックレットとして、以下のものも出されている。

⑱神戸電鉄敷設工事朝鮮人犠牲者を調査し追悼する会『神戸電鉄敷設工事と朝鮮人労働者〈資料集〉』同会、１９９３・７
⑲神戸電鉄敷設工事朝鮮人犠牲者を調査し追悼する会『鉄路にひびくアリランの唄―神戸電鉄敷設工事と朝鮮人―』同会、１９９６・11
⑳西宮・甲陽園地下壕を記録し保存する会『よみがえれ　緑の春―西宮・甲陽園地下壕ガイドブック―』同会、２０００・７
㉑加西市教育委員会『加西・鶉野飛行場跡（旧　姫路海軍航空隊基地）』同会、２０１１・３（朝

鮮人についてほんの少ししか触れていないが紹介しておく）

また、マップとして、以下のものが在日朝鮮人史にも触れる形で出されている。

㉒ひょうご部落解放・人権研究所『人権歴史マップ【神戸版】』同研究所、2005・9
㉓同『人権歴史マップ【丹波編】』同研究所、2007・7
㉔同『人権歴史マップ【阪神編】』同研究所、2008・12
㉕同『人権歴史マップ【播磨編】』同研究所、2009・11
㉖同『人権歴史マップ【丹波編】』同研究所、2011・11（※⑯の改訂版が神戸と淡路をあわせて近く刊行される）
㉗兵庫県教職員組合宝塚支部平和教育部会『ピースマップ宝塚』同部会、2010・12
㉘同部会『ピースマップ宝塚 別冊資料集』同部会、2010・12
㉙神戸平和マップをつくる会『平和マップ 兵庫区』同会、2012・11
㉚同会『平和マップ 長田区』同会、2013・1

ご覧いただければ分かるように、兵朝研がこの間、兵庫県の在日朝鮮人史について精力的に調査・研究し、その成果を刊行してきた業績が大きい。また、兵朝研、むくげの会、神戸学生青年センター、兵庫県在日外国人教育研究協議会、ひょうご部落解放・人権研究所などのネットワークがよく保たれており、それぞれの研究成果が相互共有されている。

兵庫の強制連行研究

当初、兵庫県の朝鮮人強制連行に関する研究は朴慶植先生の『朝鮮人強制連行の記録』にちょくちょく出てくる「兵庫」の項目を調べていくということから始まったのではないかと思う。強制連行研究は、まず朝鮮人強制連行真相調査団が全国的に調査活動を行なった。その兵庫県の研究成果が、④朝鮮人強制連行真相調査団『朝鮮人強制連行調査の記録〈兵庫編〉』にまとめられている。私もこの調査にも参加させていただいて、加西市の鶉野飛行場跡などに出かけた。特にここは、私が卒業した神戸大学農学部の農場があるところで、一年間通った農場のまさに敷地内に高射砲の跡が残っていて大変驚いた（本書163頁参照、『むくげ通信』127号、1991・7、「神戸大学農場に朝鮮人強制連行跡地を訪ねて――兵庫県加西市・鶉野飛行場跡」）。

また一九九〇年名古屋市で始まった「朝鮮人・中国人強制連行・強制労働を考える全国交流集会」は、第二回兵庫県（西宮市、神戸市、九一年）、第三回広島県（呉市、九二年）、第四回奈良県（信貴山王蔵院、九三年）、第五回長野県（長野市松代町、九四年）、第六回大阪府（高槻市、九五年）、第七回岐阜県（岐阜市、九六年）、第八回島根県（松江市、九七年）、第九回石川県（金

沢市、九八年)、第一〇回(熊本市、九九年)と開催された。全国世話人会が主催する交流集会は、一九九九年、一〇回で一旦終了し、その後は、有志が呼びかける形で、二〇〇〇年(神戸)、〇二年(秋田県花岡)、〇四年(北海道)、〇六年(韓国・済州島)で開催された。

この交流集会には朴慶植先生も生前に欠かさず参加されていたが、全国の調査グループ・個人は、兵庫と同じように『強制連行の記録』に自分の「県」を探し、その場所に出かけて調査をスタートし、まとめるという作業であったと思う。また、一九九三年の奈良交流集会のときには、「厚生省名簿」が公開され、まとまった形で名簿が入手できたことにより調査が更に前進した。

その厚生省名簿は、故・金英達が精力的に分析し、④朝鮮人強制連行真相調査団『朝鮮人強制連行調査の記録〈兵庫編〉』に、「一九四六年の『朝鮮人労務者に関する調査』の兵庫県分資料について」、⑤兵朝研『在日朝鮮人九〇年の軌跡――続・兵庫と朝鮮人』に「一九四六年『厚生省名簿』が日の目を見る――兵庫県分一万三千余名のリスト」を書いている。その分析によれば名簿は一六県、六万六九四一人分であるが、完全なものではない。名簿本体は失われたようだが、たまたま第二次集計分(?)が残ったようである。そのうち兵庫県分は一万三四七七人で最も多い(この数字は記者発表のもので金英達が実際に数えた数は一万三四三〇人)。二番目は長崎県一万七四九人、三番目は佐賀県一万四一四人、四番目は福岡県七〇〇七人となっている。北海道の名簿は一件も残っていないし、炭鉱の多い福岡県がこの数字であるはずがない。兵庫県の役人の仕事が遅くて（?）報告が遅れたので紛失を免れたのではないかと想像されている。

金英達分析のもう一つの重要な点は、厚生省名簿（『朝鮮人労務者に関する調査』）の実相に迫ったことである。一九九〇年六～七月、兵朝研が『特高月報』、「社史」、新聞記事などをもとに強制連行をした可能性のある二八社に「朝鮮人強制連行者の名簿及び連行数の公表を望む要望書」を送った。二社から回答があったが、新明和工業株式会社（旧川西航空機株式会社）が回答とともに提供された文書の中に神戸勤労所長と県との交換文があったのである。この文書によって初めて厚生省名簿の作成経緯等が明らかになったのである。

神戸港関連の強制連行調査にもこの厚生省名簿は利用された。神戸船舶荷役一四八人については韓国側に調査を依頼し遺族を突き止めることができた。三菱重工業神戸造船所については一九八四人分もの名簿が残っており生存者にインタビューすることも可能となったのである。その記録は、⑩神戸

旧・川西航空機の文書。焼け残ったもの

港における戦時下朝鮮人中国人強制連行を調査する会『神戸港強制連行の記録』に収録されている。

竹内康人さんの強制連行関連全国的調査

先に紹介した全国交流集会の世話人でもあった竹内康人さんが、この間、強制連行関連の全国的な調査を行ない次の三冊の本を出版した。全国交流会では、各県ごとに調査を積み上げ全国的な強制連行一覧表をつくろうという計画が進まない中で、しびれをきらした（?）竹内さんが一人で全国の調査を行なった形だ。おおいに敬意を表したい。

㉛竹内康人編著『戦時朝鮮人強制労働調査資料集―連行先一覧・全国地図・死亡者名簿―』神戸学生青年センター出版部、２００７・８（増補改訂版は２０１５・１に刊行）

㉜竹内康人編『朝鮮人強制労働企業 現在名一覧』神戸学生青年センター出版部、２０１２・２

㉝竹内康人編著『戦時朝鮮人強制労働調査資料集２―名簿・未払い金・動員数・遺骨・過去清算―』神戸学生青年センター出版部、２０１２・４

朝鮮人連行先一覧

＊●◎については本書62頁参照

	朝鮮人 連行先事業所	業種	所在 地県	市町村	連行	典拠		参考 文献
1622	神戸貨物自動車	運輸港湾	兵庫	神戸市	●	厚生	6-	1
1623	神戸港運	運輸港湾	兵庫	神戸市	●	港史	6-	6
1624	神戸船舶荷役	運輸港湾	兵庫	神戸市	●	厚生	6-	1･35
1625	神戸大連汽船	運輸港湾	兵庫	神戸市				
1626	国鉄神戸港	運輸港湾	兵庫	神戸市	●	国鉄	6-	4
1627	日通湊川支店	運輸港湾	兵庫	神戸市				
1628	三菱倉庫	運輸港湾	兵庫	神戸市				
1629	大阪瓦斯神戸西工場	軍需工場	兵庫	神戸市	●	厚生	6-	1
1630	鐘紡神戸造機工場	軍需工場	兵庫	神戸市	●	厚生	6-	1
1631	川崎車両	軍需工場	兵庫	神戸市	◎	厚生	6-	1
1632	川崎重工製鉄兵庫工場	軍需工場	兵庫	神戸市	●	厚生	6-	1･35
1633	川崎重工製鉄葺合工場	軍需工場	兵庫	神戸市	●	厚生	6-	1･35
1634	川崎重工艦船工場	軍需工場	兵庫	神戸市	●	証言	6-	6･40
1635	神戸製鋼本社工場	軍需工場	兵庫	神戸市	●	厚生･証言	6-	1･6
1636	神戸鋳鉄所	軍需工場	兵庫	神戸市	●	厚生･社史	6-	1･6
1637	中央ゴム	軍需工場	兵庫	神戸市	●	厚生	6-	1
1638	日本制動機	軍需工場	兵庫	神戸市	●	厚生	6-	1
1639	阪神内燃機工業 神戸工場	軍需工場	兵庫	神戸市	●	厚生	6-	1
1640	東出鉄工所	軍需工場	兵庫	神戸市	●	厚生	6-	1
1641	三菱重工 神戸造船所	軍需工場	兵庫	神戸市	●	厚生	6-	1
1642	特設陸上勤務 第102中隊･壕掘削	軍人軍属	兵庫	神戸市	●	史料･調査	6-	35･38
1643	特設水上勤務 第108中隊･荷役	軍人軍属	兵庫	神戸市	●	史料･調査	6-	35･38
1644	帝釈鉱山	鉱山	兵庫	神戸市	◎	調査	6-	29
1645	三菱造船禅昌寺 地下工場建設	地下工場 建設	兵庫	神戸市	◎	調査	6-	13
1646	修法ヶ原トンネル工事	土木建設	兵庫	神戸市	◎	証言	6-	6･17
1647	白石基礎和田岬 出張所	土木建設	兵庫	神戸市	●	協和	6-	2
1648	須磨道路建設	土木建設	兵庫	神戸市				

（連行先一覧表の神戸市関連部分）

朝鮮人強制労働企業現在名

2012・1作成

整理番号	分類	企業	現在の企業名	強制労働当時の企業名	業種	県	市町村		史料名		典拠番号
372	2	97	三菱化学	東邦重工四日市工場	軍需工場	三重	四日市市	●	協和	5-	2・3
373	2	97	三菱化学	旭硝子	軍需工場	福岡	北九州市	●	特高	8-	5
374	2	97	三菱化学	三菱化成黒崎工場	軍需工場	福岡	北九州八幡西	●	厚生	8-	1
375	2	97	三菱化学	三菱化成牧山工場	軍需工場	福岡	北九州八幡東	●	厚生	8-	1
376	2	97	三菱化学	三菱化成伊保工場	軍需工場	兵庫	姫路市	●	厚生	6-	1
377	2	98	三菱重工業	三菱重工業名古屋金属岩塚工場	軍需工場	愛知	名古屋市中村区	●	証言	5-	7
378	2	98	三菱重工業	三菱重工業名古屋航空機大江工場	軍需工場	愛知	名古屋市港区	●	証言	5-	7、K
379	2	98	三菱重工業	三菱重工業名古屋航空機道徳工場	軍需工場	愛知	名古屋市南区	●	記事・証言	5-	7・10・13
380	2	98	三菱重工業	三菱重工業水島航空機製作所	軍需工場	岡山	倉敷市	●	調査	7-	63
381	2	98	三菱重工業	三菱重工業京都発動機工場	軍需工場	京都	京都市	●	知事	6-	18・19
382	2	98	三菱重工業	三菱航空機健軍工事	土木建設	熊本	熊本市	●	調査	6-	55
383	2	98	三菱重工業	三菱重工業広島機械製作所	軍需工場	広島	広島市	●	社史	7-	2・28・32
384	2	98	三菱重工業	三菱重工業造船所	軍需工場	広島	広島市	●	証言・社史	7-	12・26・28・32
385	2	98	三菱重工業	三菱重工業彦島造船	軍需工場	山口	下関市	◎	史料	7-	70
386	2	98	三菱重工業	三菱重工業横浜造船	軍需工場	神奈川	横浜中区	●	記録	3-	4
387	2	98	三菱重工業	三菱重工業川崎機器工場	軍需工場	神奈川	川崎中原区	●	記録	3-	3、4
388	2	98	三菱重工業	三菱重工業長崎造船所	軍需工場	長崎	長崎市	●	厚生	8-	1・5・46・57
389	2	98	三菱重工業	三菱兵器大橋工場	軍需工場	長崎	長崎市	●	証言	8-	42・49
390	2	98	三菱重工業	三菱兵器茂里工場	軍需工場	長崎	長崎市	●	調査	8-	68
391	2	98	三菱重工業	三菱重工業名古屋航空機長野建設部	地下工場建設	長野	長野市	●	厚生	5-	1
392	2	98	三菱重工業	三菱重工業井波疎開工場	軍需工場	富山	井波町	●	調査	5-	34
393	2	98	三菱重工業	三菱重工業大門疎開工場	軍需工場	富山	大門町	●	調査・証言	5-	34
394	2	98	三菱重工業	三菱重工業福野疎開工場	軍需工場	富山	福野町	●	調査	5-	34
395	2	98	三菱重工業	三菱重工業若松造船	軍需工場	福岡	北九州若松区	●	史料		
396	2	98	三菱重工業	三菱重工業神戸造船所	軍需工場	兵庫	神戸市	●	厚生	6-	1

当然のことであるが、これらの本の中には兵庫県のものが含まれている。㉛『資料集』は、連行先一覧の二七三五社の中に兵庫県関連が一四〇社ある。109頁はその一部神戸市所在の二七社を示している。最後の列の数字は引用文献で、1の厚生省名簿が一番多いが、その他の刊行物からも丁寧にひろっている。そこに収録されている兵庫県の地図を見ると南海岸地域の企業が多いのが見てとれるが、その他兵庫県全域に広がっている。

㉜『朝鮮人強制労働企業 現在名一覧』（右頁）は、㉛の「連行先一覧表」を基に現存企業を調査し、構成したものだ。企業ごとに集計されている。全一〇一九の事業場の中から三菱化学、三菱重工業の部分を紹介する。三菱重工業神戸造船所には厚生省名簿に一九八四人の名前が残されている。

㉝『調査資料集2』は、名簿・未払い金・動員数・遺骨・過去清算についてまとめたものだが、兵庫については厚生省名簿の他に、旭日基礎工事 神戸、播磨造船所、三菱明延鉱山、三菱生野鉱山、峰山鉱山については、「警察逃亡者名簿」が残されていることが示されている。また、厚生省名簿に一二六人の名が残されている住友電工伊丹製作所については、別に「新規被徴用者名簿」に二二人の名前が記されているとのことだ。比較検討してみることにより新しい事実が出てくるかもしれない。

未払い金については、近年新しい資料が次々と見つかっている。私も共同代表の一人となっている強制動員真相究明ネットワークが、①大蔵省『経済協力 韓国一〇五 労働調査 朝鮮人に対する賃金未払債務調』、②労働省『朝鮮人の在日資産調査報告書』、東京法務局『金銭供託受付簿』などである。これらの資料を整理して一覧表が作られている。その兵庫県関連を再録した。九七社ある。初めてみる企業名もあるので、ぜひ関連情報をご存じの方は教えていただきたい。更に、五万円近い未払い金のある企業一五八社を挙げているが、その中に次の六社（117頁参照）がある。竹内さんの調査に感謝しながら、兵庫のいくつかの企業について、これまでの資料を総合的に突き合わせる研究を兵庫グループで行ないたい。

朝鮮人未払い金事業所①

	都道府県	事業所名	債務種類	債権数	金額	供託・引渡年月日	備考・供託先等	典拠
802	兵庫	旭工機製造西宮工場	不明	37	2,221.02	1946.4.5	朝鮮人聯盟兵庫県本阪神支部	3
803	兵庫	尼崎製鋼所	未払賃金	31	5,713.93	未供託		2
804	兵庫	石炭金属（日本伸鉄工業第1工場）	工賃	17	311.72	1947.1.22	神戸供託局	1
805	兵庫	大阪瓦斯尼崎営業所	賃金	1	981.56	未供託		2
806	兵庫	大阪ガス神戸支社	給料退職金	24	1,796.66	1946.12.9		1
807	兵庫	大阪特殊製鋼伊丹工場	未払金額	3	96.40	未供託		2
808	兵庫	大阪特殊製鋼伊丹工場	保管預金通帳	3	98.64	未供託		2
809	兵庫	鐘渕紡絹神戸造機工場（淡路産業）	貯金	7	1,083.06	未供託		2
810	兵庫	鐘渕紡絹神戸造機工場（淡路産業）	賃金	18	1,374.88	未供託		2

	都道府県	事業所名	債務種類	債権数	金額	供託·引渡年月日	備考·供託先等	典拠
811	兵庫	神崎組	労災保険金	2	1,720.00	1946.11.27	神戸供託局姫路出張所	1
812	兵庫	神東塗料尼崎工場	郵便貯金	5	456.14	未供託		2
813	兵庫	川崎機械製作所（大和製鋼）	賃金	23	846.45	未供託		2
814	兵庫	川崎産業明石工場	賃金	28	1,139.85	1946.12.13	神戸供託局	1
815	兵庫	川崎重工艦船工場	貯金	1061	50,684.10	未供託		2
816	兵庫	川崎重工艦船工場	賃金	4624	333,895.36	未供託		2
817	兵庫	川崎重工製鉄兵庫工場	貯金	不明	2,860.09	未供託		2
818	兵庫	川崎重工製鉄兵庫工場	賃金	100	12,098.13	未供託		2
819	兵庫	川崎製鉄葺合工場	貯金	不明	1,343.98	未供託		2
820	兵庫	川崎製鉄葺合工場	賃金	1189	48,798.15	未供託		2
821	兵庫	川西機械製作所	郵便貯金	23	200.00	未供託	明石	4
822	兵庫	川西機械製作所	未払金	23	646.45	未供託	明石	4
823	兵庫	久保田鉄工所武庫川工場	戦災保険金	31	21,764.19	未供託		2
824	兵庫	小池組	不明	1	5,000.00	未供託		2
825	兵庫	神戸貨物自動車	貯金	4	125.19	未供託		2
826	兵庫	神戸工作所	貯金	-	114.32	未供託		2
827	兵庫	神戸工作所	有価証券	1	360.00	未供託		2
828	兵庫	神戸製鋼所	銀行貯金	46	285.14	未供託		2
829	兵庫	神戸製鋼所	郵便貯金	51	1,899.04	未供託		2
830	兵庫	神戸製鋼所	工賃	160	32,755.50	1946.12.13	神戸供託局	1
831	兵庫	神戸製鋼所大久保工場	未払金	4	1,139.79	未供託		4
832	兵庫	神戸船舶荷役	賃金	7	2,568.23	1946.11.28	神戸供託局	1
833	兵庫	昭和電極	不明	571	54,907.51	1946.5.19	朝鮮人聯盟大阪支部	3
834	兵庫	住友電気工業	給料諸手当	7	2,442.63	1948.4.9	神戸司法事務局伊丹出張所	1
835	兵庫	住友電気工業伊丹製作所	郵便貯金	7	240.00	未供託		2
836	兵庫	住友電気工業伊丹製作所	給与諸手当	104	10,745.06	1946.9.12	朝鮮人聯盟兵庫県支部	3

	都道府県	事業所名	債務種類	債権数	金額	供託・引渡年月日	備考・供託先等	典拠
837	兵庫	大同製鋼尼崎工場	退職諸給与金	181	24,962.52	未供託		2
838	兵庫	大日本ビール西宮工場（朝日ビール）	郵便貯金	11	77.07	未供託	神戸預金局	2
839	兵庫	大日本ビール西宮工場（朝日ビール）	退職手当	8	359.03	未供託		2
840	兵庫	瀧田紡績	郵便貯金	1	20.00	未供託		2
841	兵庫	東洋製鋼	工賃残額	36	596.62	1947.1.30	神戸供託局	1
842	兵庫	中尾工業相生工場	不明	2	141.74	未供託		2
843	兵庫	日本精鉱　中瀬鉱山	給料諸手当	85	4,414.68	1947.1.10	神戸供託局	1
844	兵庫	日本（富士）製鉄広畑製鉄所	預金及賃金	45	4,060.69	1946.11.29	神戸供託局姫路出張所	1
845	兵庫	日本エアブレーキ	給料及補給金	58	4,555.60	1946.12.13	神戸供託局	1
846	兵庫	日本硝子工場尼崎工場	未払工賃	2	49.18	1948.2.12	伊丹供託局	1
847	兵庫	日本砂鉄鋼業飾磨工場	—	32	1,381.35	1946.11.21	神戸供託局姫路出張所	1
848	兵庫	日本精鉱　中瀬鉱山	預貯金	15	176.23	未供託	保管中	2
849	兵庫	日本製鉄耐火炉材（播磨耐火煉瓦赤穂工場）	賃金	19	2,199.07	供託年不明	供託先不明	1
850	兵庫	日本通運相生支店	労務費	14	1,581.27	1946.11.29	神戸供託局姫路出張所	1
851	兵庫	日本通運相生支店	労務費	10	3,000.00	1946.318	朝鮮人聯盟赤穂支部飯場頭	3
852	兵庫	日本通運伊丹支所	預金	44	1,020.67	未供託		2
853	兵庫	日本通運伊丹支所	不明	6	6,000.00	1946.7.10	朝鮮建国促進同盟三田支部	3
854	兵庫	日本通運伊丹支所	不明	24	7,200.00	1946.4.6	朝鮮人聯盟尼崎支部尼崎分会	3
855	兵庫	日本通運伊丹支所	退職金	64	10,909.13	未供託		2
856	兵庫	浜田鉄工所	賃金	14	2,049.96	未供託		2
857	兵庫	播磨造船所	郵便貯金	61	3,453.42	未供託		2
858	兵庫	姫路合同貨物自動車	預金	13	1,921.70	未供託		2
859	兵庫	姫路合同貨物自動車	現金	29	3,486.69	未供託	利子360円含む	2
860	兵庫	広畑海運	賃金及預金	3	569.82	1947.1.20	国本根生ら3人	3
861	兵庫	広畑海運	家族補給金	164	5,498.30	1946.11.12	神戸供託局姫路出張所	1

	都道府県	事業所名	債務種類	債権数	金額	供託・引渡年月日	備考・供託先等	典拠
862	兵庫	広畑海運	賃金及預金	136	16,091.16	1946.11.12	神戸供託局姫路出張所	1
863	兵庫	三井鉱山旭山鉱山	預金額	16	6.00	未供託		2
864	兵庫	三井鉱山旭山鉱山	不明	16	1,161.99	未供託	戻入	2
865	兵庫	三菱（太平）鉱業明延鉱業所	未払賃金	19	269.29	未供託		2
866	兵庫	三菱（太平）鉱業明延鉱業所	退職手当	245	33,939.55	未供託		2
867	兵庫	三菱（太平）鉱業明延鉱業所	預金	574	62,130.08	未供託		2
868	兵庫	三菱（太平）鉱業生野鉱業所	未払賃金	817	71,821.31	未供託		2
869	兵庫	三菱重工神戸造船所	賃金その他	1101	318,698.27	1945.12.4	朝鮮人聯盟	3
870	兵庫	中央ゴム工業（日本ダンロップ護謨）	寮積立金	59	1,010.10	未供託		2
871	兵庫	東那鉱業		5	4,160.00	1957.3	東京法務局	5
872	兵庫	兵庫県繊維製品	残余財産分配金	1	560.14	1952.10.	東京法務局	5
873	兵庫	兵庫酒類販売	配当金・補給金	2	1,520.80	1952.2	東京法務局	5
874	兵庫	兵庫酒類販売	残余財産分配金	1	1,140.00	1952.3	東京法務局	5
875	兵庫	旭汽船	給与・死亡手当・所持品喪失手当・葬祭料	2	8,032.00	1950.8	東京法務局	5
876	兵庫	丸正海運	給与	1	400.00	1950.8	東京法務局	5
877	兵庫	宮地汽船	給与・賞与・退職金・死亡手当・所持品喪失手当・葬祭料等	37	41,713.09	1950.8	東京法務局	5
878	兵庫	玉井商船	賞与・退職金・死亡手当・葬祭料等	3	8,613.28	1950.8	東京法務局	5
879	兵庫	甲南汽船	積立金	13	1,750.08	1950.8	東京法務局	5
880	兵庫	山下汽船	給与・賞与・所持品喪失手当・積立金	25	10,192.62	1950.8	東京法務局	5
881	兵庫	山下近海汽船	本給・死亡手当・所持品喪失手当・	2	5,847.16	1950.8	東京法務局	5
882	兵庫	松岡汽船	給与・退職金・死亡手当・所持品喪失手当・葬祭料等	15	31,549.62	1950.8	東京法務局	5

	都道府県	事業所名	債務種類	債権数	金額	供託·引渡年月日	備考·供託先等	典拠
883	兵庫	新日本汽船	退職金·死亡手当·所持品喪失手当·葬祭料等	55	23,380.89	1950.8	東京法務局	5
884	兵庫	図南汽船	給与·退職金·死亡手当·所持品喪失手当·葬祭料等	3	9,024.50	1950.8	東京法務局	5
885	兵庫	川崎汽船	給与·死亡手当·所持品喪失手当·葬祭料等	44	81,534.64	1950.8	東京法務局	5
886	兵庫	大図汽船	死亡手当·葬祭料	6	7,852.19	1950.8	東京法務局	5
887	兵庫	大蔵海運	給与·賞与·退職金·死亡手当·所持品喪失手当·葬祭料等	1	2,845.00	1950.8	東京法務局	5
888	兵庫	大同海運	給与·賞与·退職金·死亡手当·所持品喪失手当·葬祭料等	21	23,625.50	1950.8	東京法務局	5
889	兵庫	大洋海運		2	923.46	1950.8	東京法務局	5
890	兵庫	沢山汽船	退職金等	7	5,634.37	1950.8	東京法務局	5
891	兵庫	中村汽船	給与·死亡手当·所持品喪失手当·葬祭料等	19	74,512.46	1950.8	東京法務局	5
892	兵庫	東和汽船	賞与·退職金·死亡手当·所持品喪失手当·葬祭料等	3	6,659.02	1950.8	東京法務局	5
893	兵庫	日下部汽船	給与·死亡手当·所持品喪失手当·葬祭料等	4	14,874.73	1950.8	東京法務局	5
894	兵庫	日本近海汽船	死亡手当·所持品喪失手当·葬祭料等	7	24,800.00	1950.8	東京法務局	5
895	兵庫	八光汽船	給与·退職金·死亡手当·所持品喪失手当·葬祭料等	6	14,442.00	1950.8	東京法務局	5
896	兵庫	浜根汽船	所持品喪失等	2	1,056.63	1950.8	東京法務局	5
897	兵庫	武庫汽船	賞与·退職金·死亡手当·所持品喪失手当·葬祭料等	5	6,998.00	1950.8	東京法務局	5
898	兵庫	明治海運	給与·賞与·退職金·死亡手当·所持品喪失手当·葬祭料等	4	24,350.09	1950.8	東京法務局	5

朝鮮人未払い金事業所②

	事業所名	都道府県	債務種類	債務数（延数）	合計金額	供託年月日	供託先・備考	典拠
74	川崎重工艦船工場	兵庫	賃金・預金	5685	384,579.46	未供託		1
75	川崎製鉄葺合工場	兵庫	賃金・預金	1189	50,142.13	未供託	預金数は不明	1
76	三菱鉱業生野鉱業所	兵庫	未払賃金	817	71,821.31	未供託		1
77	三菱鉱業明延鉱業所	兵庫	未払賃金・預金・退職手当	836	96,338.92	未供託		1
78	川崎汽船	兵庫	給与・退職金・死亡手当・所持品喪失手当・葬祭料等	44	81,534.64	1950.8	東京法務局	2
79	中村汽船	兵庫	給与・死亡手当・所持品喪失手当・葬祭料等	19	74,512.46	1950.8	東京法務局	2

（附録）

長澤秀さんが編集された次の資料集は、全国の解放直後の在日朝鮮人数に関する新しい資料だ。本メインレポートでは、長澤さんのものも紹介するつもりであったが、遠慮して（?）割当を六頁と申請したこともありできなかった。分量も多いので別の形で紹介したい。

㉞長澤秀編著『戦後初期在日朝鮮人人口調査資料集１』緑蔭書房、２０１１・12

㉟長澤秀編著『戦後初期在日朝鮮人人口調査資料集２』緑蔭書房、２０１１・12

（『むくげ通信』２５６号、２０１３・１）

「朝鮮人強制連行実数カウントプロジェクト」の提案

私は、ここ何年か強制連行の調査活動に関わってきた。一九九〇年には「朝鮮人・中国人強制連行・強制労働を考える全国交流集会」が名古屋から始まったが、一九九九年、第一〇回の交流集会を熊本で開催するまでその事務局の一端をになってきた。熊本集会で一応の区切りをつけた交流集会は、二〇〇〇年からは各地の調査グループが独自によびかけを行なって開催する方式となっており、昨年（二〇〇〇年）九月神戸で開かれた「強制連行調査ネットワークの集い in 神戸」もその方式で開かれた。

強制連行に関する調査研究は、一九六〇年代の朴慶植『朝鮮人強制連行の記録』を嚆矢とし、七〇年代には「朝鮮人強制連行真相調査団」による全国的な調査が行なわれ、いくつかの書籍も出版されている（金英達・飛田雄一編『朝鮮人・中国人強制連行・強制労働資料集一九九四』、神戸学生青年センター出版部）。八〇年代には七〇年代に調査活動に関わった人々などの活動が継続され、さらに新しい仲間も加わって活動が広がっていった。九〇年代の全国交流集会の動きもその一つである。朴慶植さんが六〇年代に蒔かれた種を収穫する作業であったとも言えるかもしれない。

最近私は、日朝国交回復に関連するブックレット（明石書店）の強制連行の項目を担当することになって、朝鮮人強制連行に関するこれまでの記述を改めて読みなおしてみた。そこで気づいたことは朝鮮人強制連行の実数に関する記述がほとんどないということである。中国人強制連行の場合には『外務省報告書』によってその実数が明らかにされているのに比べると大きな違いがある。一九八〇年五月の盧泰愚大統領訪日の際に約束した「名簿探し」の結果、「発見」されたいわゆる朝鮮人強制連行者に関する「厚生省名簿（一九四六年）」によって一六府県、六万六九四一名の名簿が明らかとなったが、それはおそらく一九四六年当時に行なわれた厚生省による調査の一部に過ぎないものである。

朝鮮人強制連行の実数について『朝鮮人強制連行の記録』には、「日本への連行が約一〇〇万」という表現がある。そして朴慶植『日本帝国主義の朝鮮支配 下』（青木書店、1973）では、一一二万九八一二および一四六万六〇二二の二種類の数字を紹介して「以上二通りの数字のどちらをとるにしても、一〇〇万を突破することは確かなようである」としている（この数字に誤りのあることについては、飛田雄一・金英達・高柳俊男・外村大「共同研究・朝鮮人戦時動員に関する基礎研究」『青丘学術論集』第四集、一九九四年三月、参照）。同『在日朝鮮人運動史 八・一五解放前』（三一書房、1979）では「こうして一九三九―四五年間に約一五〇万人が日本に連行され、石炭山に約六〇万人、軍需工場に約四〇万人、土建に約三〇万人、金属鉱山に約五万人、港湾に約五万人が配置された。このほか軍人、軍属として約三七万人、従軍慰安婦として数万人が動員されている」としている。また山田昭次「解説・強制連行」(『近現代史のなかの日本と朝鮮』東京書籍、1992)では、琴秉洞「日本帝国主義の朝鮮同胞強制連行と虐殺の実態について 上」(『月刊朝鮮資料』、1974・8)の一五二万人説の統計上の誤りを指摘して訂正した数字として「一九三九年から一九四五年までの総連行数は一一九万九八七五名、つまり約一二〇万名ということになる」としている。またおそらくもっとも新しい朝鮮史のテキストではないかと思われる『世界各国史二 朝鮮史』(山川出版、2000・8)には、「三九年から四五年までに日本に強制連行された労働者の合計数は一〇〇万人以上と推計される」と書かれている。

朝鮮人強制連行については資料が乏しく公の機関による数字の公表がなされていないために様々な説が出てくることはしかたがないことである。山田昭次氏が同解説で述べているように「私たちは朝鮮に対して謝罪すべき実態の全貌をまだみるところまで至っていない」のである。

三菱と強制連行

昨年(二〇〇〇年)一二月、「強制連行調査ネットワークの集い」の番外編(?)として、呉(広島)の朝鮮人強制連行跡地を訪ねるフィールドワークが行なわれ私も参加した。その夜の酒も入っての交流会の席で「三菱」が話題となった。おそらく朝鮮人を最も多く強制連行したのは三菱であると考えられるが、その三菱が北はサハリンから南は沖縄まで、さらにできることなら南洋諸島まで連行した朝鮮人・中国人の実数を積上算的にカウントしてみようというような話になった。その一覧表ができたらそれを材料にして「強制連行調査ネットワークの集い二〇〇一」を開催しようということになった。その一覧表を誰かが作ってくれたらその集会を私が準備してもいいと言ったような記憶もあるがその後バタバタとしていて忘れかかっていた。が、年が明けて竹内康人さん（浜松市）がその一覧表を送ってくれたのである。短時間にすごい作業をされたものだと感動した。三菱の強制連行に関しておそらく入手できるすべての文献を調べて、北はサハリンから南は南洋諸島まで一覧表にしたものである。堀内稔さんがそれを清書してくれたのが表1（122～126頁）で（全六頁の一部）、これまでに「文献」に表された数字を表に落としたものである。広島での酒の席でのポイントは、文献に基づく一覧表を示して文句があるのならそれぞれの事業所の数字について、「その事業所はなかった」とか「四四四人は三三三人の誤りだ」とか指摘してくれ、その指摘が正しければすぐにその数字を訂正する、ということだ。竹内方式は表1のように典拠文献を示して＊＊年の連行数、あるいは＊＊年の現在員数を書き込んでいる。美唄炭坑のように複数の数字がある場合の表の作り方等、今後検討すべき課題は残っている。ちなみに「仮推定数」も入れられない事業所が多いが、現時点での氏の仮推定数を合計すれば六万八七七〇人である。三菱は強制連行数も多いゆえに訴えられている裁判も多いが、三菱関係者（？）が一堂に会して「三菱強制連行問題」を討論してみたいものだ（強制連行調査ネットワークの集い二〇〇一は、茨木（大阪）の仲間が主催して九月八～九日に開かれることが決まっている。すくなくとも三菱はそのテーマの一つとなる）。

この三菱プロジェクトのことを考えながら先に述べた朝鮮人強制連行の実数が明らかでないことにも思いをめぐらしていて、「これしかない」と思ったのが今回提案する「朝鮮人強制連行実数カウントプロジェクト」である。

以下のような原則のもとに都道府県ごとに「朝鮮人強制連行一覧表」をつくる。

表1 「三菱」強制連行リスト／竹内康人作成

	連行先事務所	都道府県	現在地	種別	連行者数	年	月	典拠文献	名簿	仮推定数	備考
1	三菱鉱業美唄炭鉱	北海道	美唄市	朝、中	2150	1942	6	1・2・4・23・		3500	連行者数は現在員数
2	三菱鉱業美唄炭鉱	北海道	美唄市	朝、中	2094	1944	1	1・2・4・23・			連行者数は現在員数
3	三菱鉱業美唄炭鉱	北海道	美唄市	朝、中	2463	1944	12	1・2・4・23・			連行者数は現在員数
4	三菱鉱業美唄炭鉱	北海道	美唄市	朝、中	2817	1945	6	1・2・4・23・			連行者数は現在員数
5	日東美唄炭鉱	北海道	美唄市	朝	95	1944	12	1・4		100	連行者数は現在員数、1944年から三菱経営
6	三菱鉱業美唄炭鉱内原田組	北海道	美唄市	朝	80	1945	6	1・美唄百年史			連行者数は現在員数
7	三菱鉱業美唄炭鉱内鉄道工業	北海道	美唄市	朝、中	382	1942	6	1・2・23・		400	
8	三菱鉱業大夕張炭鉱	北海道	夕張市	朝、中	1449	1942	6	1・2・4・23・		3000	

	連行先事務所	都道府県	現在地	種別	連行者数	年	月	典拠文献	名簿	仮推定数	備考
9	三菱鉱業大夕張炭鉱	北海道	夕張市	朝、中	1202	1944	1	1・2・4・23・			
10	三菱鉱業大夕張炭鉱	北海道	夕張市	朝、中	1591	1944	12	1・2・4・23・			
11	三菱鉱業大夕張炭鉱	北海道	夕張市	朝、中	1936	1945	6	1・2・4・23・			
12	三菱鉱業大夕張炭鉱内井出組	北海道	夕張市	朝				1・			
13	三菱鉱業大夕張炭鉱内地崎組	北海道	夕張市	中				23・			
14	三菱鉱業新下川鉱山	北海道	下川町	朝	398	1944	5	1・下川町史		400	
15	三菱鉱業新下川鉱山内松村組	北海道	下川町	朝				1・			
16	三菱鉱業手稲鉱山	北海道	札幌市	朝	723	1942	6	1・2・		800	
17	三菱鉱業（赤井川）鉱山	北海道	赤井川村	朝	368	1941		1・2・		370	連行者数は現在員数
18	雄別　雄別鉱山	北海道	阿寒町	朝	1324	1942	6	1・2・4・		1500	
19	雄別　雄別鉱山	北海道	阿寒町	朝	1117	1944	1	1・2・4・			連行者数は現在員数
20	雄別　雄別鉱山	北海道	阿寒町	朝	6	1944	12	1・2・4・			連行者数は現在員数
21	雄別　地崎組	北海道	阿寒町	朝	100	1941		1・2・		100	連行者数は承認数
22	雄別　土屋組	北海道	阿寒町	中				23・			
23	雄別　鉄道工業	北海道	阿寒町	朝	67	1942	6	1・2・		100	
24	雄別　尺別炭鉱	北海道	音別町	朝	543	1942	6	1・2・4・		600	
25	雄別　尺別炭鉱	北海道	音別町	朝	527	1944	1	1・2・4・			連行者数は現在員数
26	雄別　尺別炭鉱	北海道	音別町	朝	3	1944	12	1・2・4・			連行者数は現在員数
27	尺別　鉄道工業	北海道	音別町	朝	130	1942	6	1・2・		130	
28	雄別　浦幌炭鉱	北海道	浦幌町	朝	561	1942	6	1・2・4・		600	
29	雄別　浦幌炭鉱	北海道	浦幌町	朝	506	1944	1	1・2・4・			連行者数は現在員数
30	雄別　茂尻炭鉱	北海道	浦幌町	朝	14	1944	12	1・2・4・			連行者数は現在員数
31	雄別　茂尻炭鉱	北海道	赤平市	朝	607	1942	6	1・2・4・		1500	
32	雄別　茂尻炭鉱	北海道	赤平市	朝	892	1944	1	1・2・4・			連行者数は現在員数
33	雄別　茂尻炭鉱	北海道	赤平市	朝	1123	1944	12	1・2・4・			連行者数は現在員数
34	茂尻炭鉱内土屋組	北海道	赤平市	朝	207	1942	6	1・2・		200	

	連行先事務所	都道府県	現在地	種別	連行者数	年	月	典拠文献	名簿	仮推定数	備考
35	三菱鉱業細倉鉱山	宮城	鶯沢町	朝、連	660	1942	6	2・3・22	有	1000	
36	三菱鉱業尾去沢鉱山	秋田	鹿角市	朝、中、連	687	1946		2・3・22・23・	有	700	
37	三菱鉱業小真木鉱山	秋田	鹿角市	朝	165	1946		2・	有	200	
38	三菱製鋼広田工場建設・運搬	福島	河東町	◎	299			6・		300	
39	三菱鉱業佐渡鉱山	新潟	相川町	朝	1003	1942	6	2・		1500	
40	三菱新潟軽合金工場建設	新潟	新潟市					5・			
41	三菱重工川崎機器工場	神奈川	川崎市	朝	300			7・川崎空襲の記録		300	
42	三菱重工横浜工場	神奈川	横浜市	朝	103	1945		7・		400	連行者数は現在員数、400は争議参加人数
43	三菱重工横浜ドック保土ヶ谷工場	神奈川	横浜市	◎				7・		100	
44	三菱重工大船地下工場建設	神奈川	鎌倉市					7・			
45	三菱倉庫	神奈川	横浜市	連				22・			
46	日本光学南工場建設・疎開工事	神奈川	横浜市	◎	1000			7・		100	
47	日本光学末長地下工場建設	神奈川	横浜市					7・			
48	三菱名古屋航空機大江工場	愛知	名古屋市	朝				8・		500	
49	三菱名古屋航空機道徳工場	愛知	名古屋市	朝	300	1944	6	8・		500	女子勤労挺身隊
50	三菱名古屋金属岩塚工場	愛知	名古屋市	朝				8・		500	
51	三菱重工整地工事（大林組）	愛知		朝	214	1942	6	2・8・		200	
52	三菱大府飛行場建設	愛知	大府市	◎				8・			
53	三菱大府飛行場拡張（鉄道工業）	愛知	大府市	中							
54	三菱発動機楽田地下工場建設	愛知	犬山市					8・		100	
55	三菱重工静岡工場建設（竹中工務店）	静岡	静岡市	◎				8・		50	
56	三菱重工静岡工場疎開工事	静岡	静岡市								

	連行先事務所	都道府県	現在地	種別	連行者数	年	月	典拠文献	名簿	仮推定数	備考
57	三菱重工長野建設部	長野	長野市	朝	126	1946		3·8·		100	連行者数は現在員数
58	三菱重工仁古田地下工場建設	長野	上田市	朝	652	1946		3·8·			連行者数は現在員数
59	三菱重工仁古田地下工場建設	長野	上田市	朝	158	1946		3·8·		1000	連行者数は現在員数
60	三菱重工仁古田地下工場建設	長野	上田市	朝	121	1946		3·8·			連行者数は現在員数
61	三菱重工名航里山辺地下工場建設	長野	松本市	朝、連	567	1946		3·8·23·		600	連行者数は現在員数
62	三菱名航里山辺地下工場建設	岐阜	川辺町	朝	49	1946		3·8·23·		100	連行者数は現在員数
63	三菱電機釜戸地下工場建設	岐阜	瑞浪市	◎				8·23·		50	
64	三菱発動機久々利地下工場建設	岐阜	可児市	◎				8·23·		100	
65	三菱発動機平牧地下工場建設	岐阜	可児市	朝	97	1946		3·8·		500	連行者数は現在員数
66	三菱航空機鈴鹿整備工場建設	三重	鈴鹿市							100	
67	三菱航空機津工場	三重	津市								
68	三菱航空機久居地下工場建設	三重	久居市	◎				8·		50	
69	三菱雄神地下工場建設	富山	庄川町	◎				8·9·		100	
70	三菱大門疎開工場	富山	大門町	朝	512	1945	8	8·(戦略爆撃調査団報告)		700	連行者数は現在員数／推定連行者数は3疎開工場の合計
71	三菱井波疎開工場	富山	井波町	朝	4	1945	8	8·(戦略爆撃調査団報告)			連行者数は現在員数
72	三菱福野疎開工場	富山	福野町	朝	137	1945	8	8·(戦略爆撃調査団報告)			連行者数は現在員数
73	三菱額谷地下工場建設	石川	金沢市	◎				8·		50	
74	三菱忽谷地下工場建設	福井	福井市					9·		50	
75	三菱鯖江地下工場建設	福井	鯖江市					9·		50	
76	三菱発動機京都工場	京都	京都市	朝	227	1945	6	10·		300	連行者数は現在員数
77	三菱大阪製錬所	大阪	大阪市					5·			

	連行先事務所	都道府県	現在地	種別	連行者数	年	月	典拠文献	名簿	仮推定数	備考
78	三菱電機伊丹工場	兵庫	伊丹市	朝	77	1946		3・		80	連行者数は現在員数
79	三菱重工神戸造船所	兵庫	神戸市	朝、中、連	1984	1946		3・21・22・	有	2000	連行者数は現在員数
80	三菱倉庫	兵庫	神戸市	連				22・			
81	三菱化成伊保工場	兵庫	姫路市	朝	48	1946		3・		50	
82	三菱造船所禅昌寺地下工場	兵庫	神戸市								
83	三菱鉱業生野鉱山	兵庫	生野町	朝、連	446	1942	6	2・3・22・			
84	三菱鉱業生野鉱山	兵庫	生野町	朝、連	1340	1946		2・3・22・		1340	
85	三菱鉱業明延鉱山	兵庫	大屋町	朝、連	520	1942	6	2・3・22・		900	
86	三菱鉱業明延鉱山	兵庫	大屋町	朝、連	899	1946		2・3・22・		250	
87	三菱鉱業中瀬鉱山	兵庫	関宮町	朝	243	1946		3・		200	
88	三菱重工水島航空機工場建設	岡山	倉敷市	朝	136	1942	6	2・			
89	三菱重工水島航空機工場	岡山	倉敷市								

プロジェクト原則

ここで「朝鮮人強制連行」とは一九三九年七月の国民徴用令以降、朝鮮半島から日本「本土」の事業所等に朝鮮人を動員したことを言う（軍人・軍属、「従軍慰安婦」は除く。日本国内で現地動員されたものは含む）。

資料は刊行された文献による（プロジェクトとして独自調査は行なわない。引用するためにまず論文を書かなければならないということになる）。

「厚生省名簿」等、名簿のあるものは「最少の連行数」に実数を入れ、その他文献から「最少」「最大」の数字をいれる。

今後のために数字を入れられない事業所等についても典拠文献とともにその事業所名は表に入れておく。

都道府県ごとに責任者を決めて一覧表を作り、最少・最大の連行数もカウントする。

最終的に全都道府県の総括表を作って公表し、それぞれ個別の事業所について異論・反論がある場合は文献によってそれを述べてもらい、それが正しい場合は一覧表を訂正する。

兵庫県版の出来具合は？

さてかなり大きな風呂敷を広げたが、そのために範を示す必要があると考えて作成したのが

表2である。兵庫県の朝鮮人強制連行に関する文献を網羅的に集め（比較的研究が進んでいる兵庫県の場合でも文献数は限られている）から先に述べた「原則」のもとに表を埋めていった。兵庫県は総数で六万六九四一名の「厚生省名簿」の中で最も多い一万三四七七名となっており、このような一覧表が作りやすい条件となっている（兵庫朝鮮関係研究会『在日朝鮮人九〇年の軌跡——続・兵庫と朝鮮人』１９９３・12、神戸学生青年センター出版部、によればこの日本政府発表の兵庫県の数字と実際に名簿をカウントした数字とは合致していない。また、実際にカウントした一万三四三〇も事業所の合計とも合致していない。作成者金英達の計算ミスか?・）。

表2　兵庫県下強制連行者数

地域	業種	事業所名	最小	最大	出典	備考
神戸地域	交通・土木・荷役	神戸船舶荷役㈱（神戸市）	148	148	①	
	工場	三菱重工㈱　神戸造船所	1984	1984	①	
	工場	川崎重工業製鉄所　葺合工場	1398	1398	①	
	工場	川崎重工業㈱製鉄所　兵庫工場	221	221	①	
	工場	㈱神戸製鋼所　本社工場（神戸市）	413	413	①	
	工場	神戸貨物自動車㈱（神戸市）	162	162	①	
	工場	日本制動機㈱（神戸市）	118	118	①	
	工場	大阪瓦斯㈱　神戸支社西工場（神戸市）	55	55	①	
	工場	阪神内燃機工業㈱　神戸工場（神戸市）	51	51	①	
	工場	鐘紡紡績㈱　神戸造機工場（神戸市）	33	33	①	
	工場	東出鉄工所（神戸市）	24	24	①	

地域	業種	事業所名	最小	最大	出典	備考
	工場	㈱神戸鋳鉄所（神戸市）	50	50	③	①では名前のみ
	工場	川崎車両㈱（神戸市）	*	*	①	
	工場	川西航空機㈱　甲南製作所	38	38	①	
	工場	禅昌寺地下工場（神戸市須磨区）	*	100	⑥	
阪神地域	交通・土木・荷役	日本通運㈱伊丹支社（伊丹市）	68	68	①	
	交通・土木・荷役	西宮貨物自動車運送㈱（西宮）	70	70	①	
	交通・土木・荷役	白石基礎工事㈱和田岬出張所（神戸市和田）	121	121	②	
	工場	吉原製油㈱西宮工場（西宮市）	111	111	①	
	工場	旭工機製造㈱（西宮市）	20	20	①	
	工場	東洋製鋼㈱西宮工場（西宮市）	8	8	①	
	工場	日亜製鋼（尼崎市）	474	680	①	③680
	工場	日本パイプ製造㈱園田工場（川辺郡園田村）	136	136	①	
	工場	住友電気工業㈱伊丹製作所（伊丹市）	126	126	①	⑦参照
	工場	古河電気工業㈱大阪伸銅所（尼崎市）	80	80	①	
	工場	三菱電機㈱伊丹製作所（川辺郡園田村）	77	77	①	
	工場	大同製鋼㈱尼崎工場	75	130	①	④130
	工場	城□□□軽金属㈱（川辺郡園田村）	27	27	①	
	工場	㈱神津製作所（川辺郡神津村）	24	24	①	
	工場	冨士産業㈱（川辺郡園田村）	14	14	①	
	工場	㈱園□製作所（武庫郡）	12	12	①	
	工場	大阪特殊製鋼㈱伊丹工場（伊丹市）	10	10	①	
	工場	中央工業㈱伊丹工場（川辺郡園田村）	4	4	①	
	工場	わかもと製薬㈱関西工場（伊丹市）	4	4	①	
	工場	日東紡績㈱伊丹工場（川辺郡神津村）	3	3	①	
	工場	㈱久保田鉄工所武庫川工場（尼崎市）	*	*	①	
	工場	扶桑金属工業㈱鋼管製造所（尼崎市）	*	*	①	

地域	業種	事業所名	最小	最大	出典	備考
	工場	㈱中山製鋼尼崎工場（尼崎市大庄町鶴町8	*	*	②	名前のみ
	工場	尼崎製鉄㈱本社	*	*	②	②名前のみ
	工場	㈱久保田鉄工所尼崎工場	196	195	④	
	工場	㈱久保田鉄工所武庫川工場	150	150	④	②名前のみ
	工場	大谷重工業㈱尼崎工場	150	150	④	
	工場	尼崎製鋼	270	270	④	
	工場	大阪機械製作所尼崎工場	148	148	④	
	工場	川西航空機㈱　甲陽園地下工場	500	2000	⑥	
	工場	住友プロペラ広野地下工場（三田市）	2000	3000	⑥	
	工場	大阪造兵廠藍本地下工場（三田市）	*	*	⑦	
東播磨地域	工場	日本工具製作㈱（明石市）	34	34	①	
	工場	東亜金属工業㈱土山工場（加古郡二見町）	47	47	①	
西播磨地域	鉱山	三井旭日鉱山（赤穂郡赤松村）	23	50	①23、②50	⑤参照
	鉱山	日本耐火原料㈱（神崎郡粟賀村）	7	7	①	
	鉱山	日本鉱業㈱旭日鉱山（赤穂郡赤松村）	50	50	②	
	鉱山	日本産金振興㈱富栖鉱山（宍粟郡富栖村）	*	*	②	名前のみ、⑤参照
	交通・土木・荷役	日本通運㈱姫路支店（姫路市）	21	21	①	
	交通・土木・荷役	日本通運㈱相生支店（相生市）	10	10	①	
	交通・土木・荷役	神姫合同自動車㈱（姫路市）	*	*	①	
	交通・土木・荷役	㈱□崎組（姫路市）	241	241	①	
	交通・土木・荷役	広畑港運㈱（姫路市）	309	309	①	
	交通・土木・荷役	㈱東芝組（姫路市）	68	68	①	
	交通・土木・荷役	苅屋組（揖保郡御津町）	20	20	①	
	交通・土木・荷役	㈲共栄組（姫路市）	17	17	①	
	交通・土木・荷役	榊組（姫路市）	2	2	①	
	交通・土木・荷役	平錦組（姫路市）	*	*	①	

地域	業種	事業所名	最小	最大	出典	備考
	交通・土木・荷役	㈱浜田組（姫路市）	*	*	①	
	交通・土木・荷役	福田組（揖保郡網干町）	*	*	①	
	工場	㈱播磨造船所（相生市）	2202	2202	①	③1833
	工場	日本製鉄㈱広畑製鉄所	153	1000	①	③約1000、⑦参照
	工場	日本製鉄㈱広畑製鉄所赤穂炉材工場	94	94	①	
	工場	大日本セルロイド㈱網干工場（姫路市）	137	137	①	
	工場	㈱神戸鋳鉄所播磨工場（姫路市）	73	73	①	③50
	工場	日本砂鉄鋼業㈱播磨工場（姫路市）	49	49	①	
	工場	三菱化成工業㈱伊保工場（印南郡伊保村）	48	48	①	
	工場	山陽製鋼㈱飾磨工場	47	47	①	
	工場	日産農林工業㈱車崎工場（姫路市）	42	42	①	
	工場	滝川工業㈱網干工場（揖保郡）	42	42	①	
	工場	日本フェルト工業㈱（姫路市）	32	32	①	
	工場	石炭金属工業㈱飾磨工場	27	27	①	
	工場	大阪窯業セメント㈱広畑工場（姫路市）	24	24	①	
	工場	永興産業㈱姫路工場	17	17	①	
	工場	東京芝浦電気㈱網干工場	15	15	①	
	工場	東京芝浦電気㈱電信機製造所（姫路市）	1	1	①	
	工場	芝浦工機㈱工網製作所（姫路市）	3	3	①	
	工場	高田産業㈱（姫路市）	4	4	①	
	工場	日輪ゴム工業㈱姫路工場（姫路市）	2	2	①	
	工場	龍田紡績㈱（姫路市）	1	1	①	
	工場	中尾工業㈱野里工場（姫路市）	1	1	①	
	工場	三井造船曽根造船所	50	50	③	
	工場	播磨耐火煉瓦高砂工場	100	100	③	
	工場	川西航空機㈱北条地下工場	*	200	⑥	

地域	業種	事業所名	最小	最大	出典	備考
	工場	仁豊野地下工場	*	*	⑦	
但馬地域	鉱山	三菱生野鉱業所（朝来郡生野町）	1340	1340	①	②449、⑤⑦参照
	鉱山	三菱鉱業㈱明延鉱山（養父郡南谷村）	899	899	①	②520、⑤⑦参照
	鉱山	三菱鉱業㈱中瀬鉱山（養父郡関宮町）	243	243	①	⑤⑦参照
	鉱山	日本鉱業㈱竹野鉱山	39	39	①	②30、⑤⑦参照
	鉱山	日曹鉱業㈱大屋鉱業所（養父郡大屋町）	50	100	⑤	②1941年承認数100
	鉱山	峯山金山㈱（美方郡小代町）	73	73	②	承認数計210、⑤参照
	鉱山	日本産金振興㈱神美鉱山（出石郡神美村）	67	67	②	1941年承認数150、1941・3末67、⑤参照
丹波地域	鉱山	井口鉱業㈱春日鉱山（氷上郡黒井町）	209	209	①	
	鉱山	新興産業（多紀郡篠山町）	23	23	①	
	鉱山	芦田文兵衛（氷上郡幸世村）	12	12	①	
	鉱山	荒木硅石鉱業所（氷上郡吉見村）	16	16	①	
	鉱山	臼井硅石採掘場（氷上郡幸世村）	4	4	①	
	鉱山	オシ谷硅石採掘場（氷上郡生郷村）	12	12	①	
	鉱山	川端組事務所（氷上郡吉見村）	2	2	①	
	鉱山	小林正大（多紀郡大芋村）	17	17	①	
	鉱山	榊山才三（多紀郡村雲村）	29	29	①	
	鉱山	坂部久十郎（多紀郡村雲村）	1	1	①	
	鉱山	品川白煉瓦㈱（氷上郡美和村）	12	12	①	
	鉱山	長谷川圭三（氷上郡竹田村）	5	5	①	
	鉱山	林硅石採掘場（氷上郡幸世村）	3	3	①	
	鉱山	兵庫県亜炭㈱小冨士炭鉱（氷上郡吉見村）	50	50	①	
	鉱山	広岡二郎（多紀郡篠山町）	8	8	①	
	鉱山	深田寿一（多紀郡大芋村）	21	21	①	
	鉱山	福島兄弟商店　市島採石所（氷上郡吉見村）	2	2	①	
	鉱山	福島安次郎（多紀郡篠山町）	1	1	①	

地域	業種	事業所名	最小	最大	出典	備考
	鉱山	藤本喜吉（多紀郡篠山町）	2	2	①	
	鉱山	宝珠鉱山（氷上郡芦田村）	18	18	①	
	鉱山	宮垣硅石場（氷上郡幸世村）	5	5	①	
	鉱山	森田四郎（多紀郡福住村）	7	7	①	
	鉱山	山名昌治（氷上郡吉見村）	12	12	①	
	鉱山	住野丙馬（多紀郡篠山町）	19	19	①	
	鉱山	土屋勇治（氷上郡船越村）	3	3	①	
	鉱山	東亜鉱業（多紀郡篠山町）	3	3	①	
	鉱山	東洋耐火大垣喜一郎（多紀郡畑町）	6	6	①	
	鉱山	東洋炉材㈱（多紀郡雲□町）	1	1	①	
	鉱山	土井硅石鉱業所（氷上郡吉見村）	8	8	①	
	鉱山	堂本硅石採掘場（氷上郡成松村）	4	4	①	
	工場	（資）藤原度器製作所（氷上郡和田村）	1	1	①	
	工場	東洋ベアリング柏原地下工場	*	*	⑥	
淡路地域	工場	日東化学食品㈱（津名郡富島町）	1	1	①	
不明	鉱山	日鉄鉱業㈱畑採石所	80	80	①	
	鉱山	今蔵尚	11	11	①	
	交通・土木・荷役	大倉土木㈱桜山作業所	147	147	①	
	工場	中央ゴム㈱	98	98	①	
	工場	日本圧延工業㈱	15	15	①	
	工場	㈱浜田鉄工所	9	9	①	
	工場	吉坂鍛工㈱	5	5	①	
	工場	昭和精機工業㈱	4	4	①	
	工場	大阪熱処理	1	1	①	
	?	厚生省名簿（工場事業所名不明分）	215	215	①	
総計			17399	21383		

〈文献〉
①1946年厚生省名簿（兵庫朝鮮関係研究会『在日朝鮮人90年の軌跡』136〜139頁より）
②中央協和会『移入朝鮮人労務者状況調』1942年6月現在（小沢有作編『近代民衆の記録10在日朝鮮人』より）
③社史（朝鮮人強制連行真相調査団『朝鮮人強制連行の記録・兵庫編』による）
④『特高月報』
⑤兵庫朝鮮問題研究会『鉱山と朝鮮人強制連行』1987、明石書店
⑥兵庫朝鮮問題研究会『地下工場と朝鮮人強制連行』1990、明石書店
⑦兵庫朝鮮問題研究会『在日朝鮮人90年の軌跡』1993、神戸学生青年センター出版部

一覧表を作成してその「最少」「最大」をカウントしてみると、それぞれ、一万七三九九、二万一三八三となる。表2を第一次試（私）案として公表するが、この最後の数字についてだけの批判は受けつけない。あくまでも個々の事業所の数字について批判をしていただきたい。それは先に「原則」において書いたとおりである。

兵庫県では一九八六年九月に一九四七年三月の「知事引継演述書」が公開されている。そこに「警察部公安課」の作成した「第三国人の人口表」があるが、そこに朝鮮人「徴用工員等の帰国者数」として二万五千があげられている（兵庫朝鮮関係研究会『鉱山と朝鮮人強制連行』明石書店、１９８７・８）。

また、官憲の資料から兵庫県の「移入者」を調べると表３の通りである。現在までに公表さ

れている『特高月報』等により一九四三年末までの数字は拾うことができるが、四四年、四五年の数字が拾えない。強制連行は募集（一九三九～四二）、官斡旋（一九四二～四四）、徴用（一九四四～四五）の三段階をへて行なわれたが、『特高月報』『社会運動の状況』では募集と官斡旋については区別して数字が掲載されている。いずれも累計の数字であるが、一九四三年一二

表3　官憲資料に見る兵庫県強制連行者数

	募集許可数	斡旋承認	移入数	他府	逃走等	発見	送還	減耗数	現在員数	
1940·1·20	350		150							『高等外事月報』6号、1939·12、1940·1
1940·2末	410		250		4					『特高月報』1940·2
1940·5末	460		400		50	8	16			『特高月報』1940·5
1940·12末	430?		430		104	15	31			『特高月報』1940·12
1940·12末	400		350		69				331	『社会運動の状況』1940
1941·12末	1404		1159		482	89	105			『特高月報』1941·12
1941·12末	1404		1159		48	89	105			『社会運動の状況』1941
1942·12末	1540		1215	44	556	73	409			『社会運動の状況』1942
1942·12末	1540		1215	44	556	73		850	409	『特高月報』1943·1
1943·12末	1253		1189	0	552	81		788	295	『特高月報』1944·2、「移住者総数」1588とある
1942中		1870	1690		452	18		503	1187	『社会運動の状況』1942、『特高月報』1943·1
1943·12末		3660	4773	0	1570	20		1727	3048	『特高月報』1944·2
1944·12末			13236							内務省?「内地在住朝鮮人帰鮮希望者見込数（昭和20·9·25）」

月現在の移入数は合計すれば三三四三である。移住者総数一五八八とあるのは移入者数一一八九と呼び寄せた家族三九九を合わせたものである（前掲「共同研究・朝鮮人戦時動員に関する基礎研究」参照）。

一九四四年一二月末の数字として上がっている一万三二三六は、金英達編『戦後補償問題資料集第2集』一七五頁に収録されているもので、一九四四年末の兵庫県の数字としては唯一のものである。いずれにしても統計数字から見ようとするときには四四年、四五年の空白が大きく、総計数字から実態に迫ろうというのはいまのところ難しいようである。

今回提案するプロジェクトは統計数字から実態に迫ろうという方法ではなく、事業所ごとの連行者の数字から実数に迫ろうとする方法である。いずれその方法によって全国的に積み上げられた数字と全国的な統計数字とを比較検討し、朝鮮人強制連行の実態により近づけるようにしたいものである。兵庫県サンプルをごらんいただき、項目の立てかたも含めてご意見をいただきたい。そしてこのプロジェクトへの参加を呼びかけたい。

（『むくげ通信』１８５号、２００１・３）

韓国強制動員真相究明法、その後

昨年（二〇〇四年）二月、韓国で強制動員真相究明法が成立した。本法に基づき具体的な作業が、大統領直属の強制動員真相究明委員会によって開始されており、すでに被害者等からの申請が一〇万件を超えている（五月一二日現在の強制動員被害申告の総数は一二万八六六二件で、内訳は以下のとおり、軍人二万一九七三、軍属一万七〇〇一、「慰安婦」二二五、労務者等八万九四六三、また動員先別では、国外一一万三六五四、国内一万五〇〇八）。

言うまでもなくこの「強制動員」は、日本がアジア・太平洋戦争の時期を中心として朝鮮人を労働者、軍人軍属、「慰安婦」等として強制動員したことを指して

朝鮮人徴用の実態調査

8月をめど韓国に結果

政府、100社対象

政府は第2次世界大戦中に日本企業に徴用・雇用され、死亡した朝鮮半島出身者の実態を把握するため、国内の企業約100社を対象に調査票を送付、8月をメドに結果を韓国側に伝えることを決めた。政府による民間徴用者の調査は初めて。政府は海外の戦没地訪問事業の対象に、韓国の遺族も加えることも検討している。小泉首相が6月下旬にも韓国で開かれる日韓首脳会談で、こうした方針を表明する。

日本政府は過去の植民地支配にかかわる問題での日韓両国の和解を掲げており、このほかにも①在韓被爆者のため、在外公館での健康管理手当の支給申請を受け付ける②専門家による新たな歴史共同研究委員会を年内に発足させることも既に決定。6日に京都で開かれる日韓外相会談で、一連の取り組みを確認する。

民間徴用者の調査は、旧軍人・軍属以外で、戦時中に炭鉱や工場などで労働を強いられ、命を落とした朝鮮半島出身者が対象。朝鮮半島から日本に送り出された労働者の正確な数はわかっていないが、70万人以上とする民間の研究者もいる。

外務省は4月、朝鮮半島出身者を雇用していたとみられる企業や、当時の業務を引き継いだ企業など約100社を対象に調査票を送付した。被雇用者の名簿の有無などについての回答をとりまとめたうえで、遺骨の返還が可能かどうか、政府内の調整を進める方針だ。

旧軍人・軍属については、日韓両政府が69年、遺族や縁故者が確認されれば、遺骨を引き渡すことで合意。3月末までに遺骨8835柱を韓国側に返還。遺族や縁故者が確認できないため、1136柱が東京の祐天寺に仮安置されている。民間徴用者の遺骨収集については、日本政府が「国と直接の雇用関係になかった」として関与せず、手つかずだった。（坂尻顕吾）

朝日新聞2005・5・5

いる。当然その真相究明のためには日本での調査も必要であるが、これまでこのような調査に非協力的であった日本政府も韓国政府の正式な協力要請を受けて、応じる姿勢を示さざるを得ない状況に追い込まれている。最近の新聞記事（朝日新聞、2005・5・5）でも、遺骨調査、寺・会社の調査が日本政府によって始められたことが伝えられている。

ここでは強制動員真相究明法の内容を紹介し、今後の課題について考えてみたい（法案をはじめ韓国新聞報道の提供・翻訳は、強制動員真相究明ネットワーク事務局長・福留範昭氏の翻訳による）。

特別法成立の背景と経過

「日帝強占下強制動員被害真相糾明等に関する特別法」（以下「特別法」）は、二〇〇一年一〇月一二日、六八名の議員による議員立法として発議された。その後審議が充分に進まなかったが、二〇〇三年一一月七日、国会本会議で「過去事真相究明特別委員会」の構成決議案が通過したことを契機として、この特別法案をはじめ、「東学農民革命軍の名誉回復に関する特別法」、「韓国戦争前後民間人犠牲事件真相究明および名誉回復特別法」、「日帝強占下親日反民族行為真相究明特別法」の四過去事関連法案が本格的に審議されはじめた。

同年一一月二〇日には、真相究明法案と関連して公聴会が行なわれ、そこで特別法推進委執行委員長崔鳳泰（チェボンテ）弁護士、調査研究室長鄭恵瓊（チョンヘギョン）博士が特別法の必要性に関して主張した。一二月一〇日には一部が修正され、一二月一六日、法制司法委員会に回付された。そして一二月二六日には法制司法委全体会議で審議され第2法案審査小委に回付された。しかし小委委員長が以後の日程を組まなかったため、翌二〇〇四年一月五日、被害者たちは小委委員長事務室前で座り込み闘争を行なった。

このような経過をへてようやく昨年二月一三日、臨時国会本会議で特別法案が国会を通過したのである（韓国国家記録院のホームページで被強制連行者名簿の検索・照会ができる）。

日帝強占下強制動員被害真相糾明に関する特別法、その内容

特別法は、全三〇条よりなる法律で、目的は「この法は日帝強占下強制動員被害の真相を糾明して、歴史の真実を明らかにすることを目的とする」（第1条）とされている。

次に第2条「定義」では、それぞれの用語が以下のように定められている。

1、「日帝強占下強制動員被害」とは、満州事変から太平洋戦争に至る時期に日帝に依って強制動員された軍人・軍属・労務者・軍慰安婦等の生活を強要された者が被った生命・人体・財産等の被害を言う。

2、「犠牲者」とは、日帝強占下強制労働に因って死亡したり行方不明になった者、あるいは後遺障害が残っている者で、第3条2項第4号の規定に依り、日帝強占下強制動員被害犠牲者と決定された者を言う。

3、「遺族」とは、犠牲者の配偶者（事実上の配偶者を含む）及び直系の尊・卑属を言う。ただし、配偶者及び尊・卑属がいない場合には兄弟姉妹を言う。

特別法の対象とする時期は、一般的に強制連行が始まったとされる一九三九年（狭義には一九四一年の官斡旋から、更に狭義には一九四四年の徴用以降）とはせずに、満州事変（一九三一年）以降としている。これは「慰安婦」に関しては一九三九年以前に連れて行かれた例があるのでその方々を含むようにするためだと考えられる。

真相究明のために政府の機関として委員会が作られることになるが、第3条で「日帝強占下強制動員被害真相糾明委員会」の設置およびその仕事について定められている。

①日帝強占下強制動員被害の真相を糾明し、この法に依る犠牲者及び遺族の審査・決定等に関する事項を審議・議決するために、国務総理所属下に日帝強占下強制動員被害真相糾明委員会を置く。

②委員会は、次の各号の事項を審議・議決する。

1．日帝強占下強制動員被害真相調査に関する事項／2．日帝強占下強制動員被害と関連する国内外の資料の収集と分析及び真相調査報告書作成に関する事項／3．遺骨発掘及び収集に関する事項／4．犠牲者及び遺族の審査・決定に関する事項／5．史料館、慰霊空間造成に関する事項／6．この法で定めている戸籍登載に関する事項／7．その他、真相糾明のための大統領令が定める事項。

ここでは当然のことであるが、2で「国内外」と日本等での調査が対象とされていることに注目しなければならない。また、6の「戸籍登載」というのは奇異な感じがするが、未だに行方不明のまま戸籍が閉鎖されていない、あるいは死亡の日時が間違っているケースが多数あること等を考慮して調査の結果分かったことを戸籍に登載するということが記されているのである。

以下、第4条（委員会の構成）、第5条（委員の職務上の独立と身分保障）、第6条（委員の欠格事由）、第7条（議決定足数）、第8条（事務局の設置）、第9条（職員の身分保障）、第10条（委員会の運営等）、第11条（日帝強占下強制動員被害真相糾明実務委員会）、第12条（真相調査の申請及び被害申告）、第13条（申請の却下）については省略する。

第14条では「真相調査の開始」について、「①委員会は真相調査の申請が、第14条第1項で定めた却下事由に該当しない場合には、調査開始決定をし、遅滞なくその内容に関する必要な調査をしなければならない。②委員会は日帝強占下強制動員被害が発生したと認めうるに足る相当の根拠があり、真相調査が必要だと判断される時には、職権で必要な調査をすることができる」とある。

そして「真相調査の方法」について第15条に次のように書かれている。

①委員会は調査の遂行において、次の各号の措置をとることができる。

1．犠牲者及びその親族その他の関係人に対する陳述書の提出要求／2．犠牲者及びその親族その他の関係人に対する出席要求及び陳述聴取／3．犠牲者及びその親族その他の関係人、関係機関、関係施設、団体等についての関係資料あるいは物件の提出要求／4．日帝強占下強制動員被害が発生した場所等に関する実地調査／5．鑑定人の指定及び鑑定依頼

②委員会は必要であると認める時には、委員あるいは所属職員をして第1項各号の措置をさせることができる。

③第1項第3号の規定に依って関連資料あるいは物件の提出を要求された関係機関等は、大統領令が定める特別な事由がない限り、これに応じなければならない。

④関係機関あるいは団体は日帝強占下強制動員被害関連資料の発掘及び閲覧のために必要な便宜を提供しなければならない。

⑤第2項の場合、当該委員あるいは所属職員はその権限を表示する証票を所持し、これを関係人等に提示しなければならない。

⑥第1項第3号の規定に拠り出席要求を受けた関係機関等の長は、その資料が外国に保管され

ている場合には、該当国家の政府と誠実に交渉しなければならず、その処理結果を委員会に通報しなければならない。

⑦委員会は関係機関を通して、外国の公共機関が保管している資料に関し、該当国家の政府に対しその公開を要請することができる。

「～しなければならない」という表現が見られるように一定の権限を委員会に与えている。⑦では、外国の機関の所有する資料に対する記述が見られる。もちろんその一番の相手国は日本である。

委員会の調査は膨大な規模となることは必至であるが、調査の期間については、第16条に次のように定められている。

①委員会は最初の真相調査開始決定日以後、二年以内に日帝の強制動員被害についての調査を完了しなければならない。

②委員会は第1項で定めた期間内に調査を完了することが難しい場合には、期間満了三ヶ月前に大統領にその事由を報告して、六ヶ月の範囲内でその期間を延長することができる。ただし、上の期間延長は二回を超えることはできない。

すなわち、基本的に二年間でさらに六ヶ月を二回延長することができることになっているので、合計三年間である。

そして調査したのち委員会は「①委員会は当該被害についての調査を完了した時には、次の各号の内容を決定しなければならない。／1．日帝の強制動員被害であるかの当否／2．当該被害の原因、背景／3．犠牲者及び遺族　②前項の決定をなす場合、遅滞なく申請人に結果を通知しなければならない　③第1項の決定をした後、必要な場合、被害の真相等について公表し大統領と国会に報告することができる」と決められている（第17条）。

以下、第18条（委員等の保護）、第19条（真相調査報告書作成）、第20条（委員会の責任免除）、第21条（慰霊事業の支援）、第22条（戸籍登載）、第23条（秘密遵守の義務）、第24条（不利益の禁止）、第25条（委員会と他の機関の協力）、第26条（公務員等の派遣）、第27条（類似名称使用の禁止）、第28条（罰則）、第29条（罰則）、第30条（過料）については省略する。

調査活動の進展／韓国の新聞報道

申請件数が徐々に増えていることはすでに述べたが、韓国連合ニュース（2005・4・18）によれば「日帝強制動員犠牲・被害者九名初決定」とある。委員会が決定した犠牲者及び被害者は九名で、軍人・軍属として強制動員された犠牲者五名、労務者として強制動員された犠牲者三名および生存者一名である。その中でパク・ホンテさんは、一九四四年強制動員されて軍人として勤務中に、同年一二月一九日中国安徽省［略］で爆弾の破片によって死亡し、イ・ウィジュさんは、南洋群島の海軍軍属として強制動員中の一九四四年一月三一日に死亡した。またウォン・クァンウィさんは、一九三九年京畿道平沢から強制動員され、日本北海道弥生炭鉱で労務者として勤務する中、坑内ガス爆発事故で一九四一年四月二二日死亡したという。

日本の国会での論議

韓国強制動員真相究明委員会に対する日本政府の対応は充分なものではないが、未払い金関連のやり取りについて紹介しておきたい。

昨年一二月二日、社民党の福島みずほ氏が「朝鮮人労務者等に対する未払金その他の取扱いに関する質問主意書」を参議院議長扇千景氏に提出している。国会議員の質問は国会法第七四条によるもので、一般人の質問と異なり関係機関が必ず答えなければならないものであるらしい。

質問の表題は「朝鮮人労務者等に対する未払金その他の取扱いに関する質問主意書」。

「来年（二〇〇五年）は、第二次世界大戦が終結して六〇年目を迎える。戦争を生き延びた世代は、すでに多くが死亡し、又は相当の高齢を迎えていることをかんがみれば、隣国である韓国の例を待つまでもなく、我が国が、戦後補償問題に誠意をもって対処できる最後の節目の年になると思われる。アジア諸国との新たな段階の関係を構築し、その平和と繁栄が実現された未来をつくるためには、過去の事実に目をつむることはできない。過去の歴史の事実に真摯に向き合い、最大限の誠意をもって戦後補償問題の解決を成し遂げることは、我が国の未来に対する政治の責任であると考える」として韓国の特別法制定を受けての質問である。以下、質問と回答の要旨を紹介する。

Q1　朝鮮人労務者等の未払金供託に関して

Q1・1　一九四六年一〇月一二日厚生省労政局長通達「朝鮮人労務者等に対する未払金その他に関する件」によれば、「事業主は供託を完了したときは、供託書の番号、供託年月日、供託所名、受取人の氏名、本籍地、雇傭及び解雇の時期、解雇の理由、未払金の内訳等を記載した報告書三部を地方長官に提出すること」を定めているが、この報告書三部はそれぞれ、どの省庁が管理・保管することになっていたか。

答　事業主が「報告書三部を地方長官に提出すること」及び「報告書の写二部宛を一括して」地方長官が厚生省労政局長に送付する旨が示されており、当時の地方長官又は厚生省が管理・保管することとなっていたのではないかと考えている。

Q1・2　報告書の現在の所在と、残存する報告書の件数を明らかにされたい。報告書の所在が現在明らかではない場合、全省庁にわたって、その所在の調査を行なうつもりがあるか。

答　（行政の管轄が順次変遷したので）お尋ねの報告書については、一九九一年および一九九九年に当時の労働省労働基準局及び都道府県労働基準局において調査を行なったが、発見できず、現時点において全府省にわたる調査を行なうことは考えていない。

Q2　一九五〇年二月二八日付け政令第二二号「国外居住外国人等に対する債務の弁済のためにする供託の特例に関する政令」（以下「政令第二二号」という）による供託替に関して

Q2・1　第七条において、「この政令の規定により供託された供託物に対する還付請求権の消滅時効は、民法第一六七条一項の規定に関わらず、政令をもつて定める日まで完成しない」と定めている。また、附則第二項では、政令第二二号施行以前に供託された国外居住外国人の供託物について、供託者は主務大臣の認定を受けて、東京法務局に保管替することを請求できると定められている。当時の労働省は、政令第二二号制定後、一九四六年一〇月一二日付け厚生省労政局長通達「朝鮮人労務者等に対する未払金その他に関する件」に基づく供託を供託者に供託替するよう指示したのか。指示しなかったのであれば、供託者たる事業主にどのように取り扱うよう指示したのか。

答　一九九一年および一九九九年に当時の労働省労働基準局及び都道府県労働基準局にお

いて、朝鮮人労務者等に対する未払賃金等に関する資料を調査したが、国外居住外国人等に対する債務の弁済のためにする供託の特例に関する政令（昭和二五年政令第二二号。以下「特例政令」という）が制定された後、当時の労働省が、局長通達に基づく「供託を供託者に供託替するよう指示」した事実を含め供託者たる事業主に対して局長通達に基づく供託の取扱いについて指示した事実については、確認できなかった。

Q2・2　政令第二二号による供託物及び関係資料は、現在も東京法務局において保存されているのか。

答　特例政令第三条第二項の規定により債務の履行地は、供託に関しては、東京都千代田区と定められていることから、管轄する供託所は東京法務局となり、供託に係る供託書副本等は同局において保管されている。なお、供託物は、特例政令第八条第一項の規定により日本銀行において保管されている。

Q2・3　供託書に明細書三通を添付し、そのうち二通を遅滞なく日本銀行に送付しなくてはならないとされているが、この明細書は現在も日本銀行で保管されているのか。保管されているのであれば、国別に件数、総額を明らかにされたい。

答　明細書は、供託所から日本銀行に送付されているが、当該明細書のすべてを調査、整理し、被供託者の国籍別に集計するなどの作業は膨大なものとなるため、お尋ねについてお答えすることは困難である。

Q2・4　現在、日本銀行で保管されている一億六七七九万一四〇〇円の供託金と四七三五万五六〇〇円の有価証券（二〇〇四年九月三〇日現在）の供託金等について、政府は、今後どのように処理する方針か、明らかにされたい。

答　供託物については、現時点において、特段の措置を採ることは考えておらず、その保管を継続することとしている。

今度の課題

最初に書いたように韓国の特別法制定以降、強制連行問題が再び注目されている中で、私たちは最後のチャンスともいうべき戦後六〇年のこの年に、活動しなければならない。

韓国強制動員真相究明委員会の活動を支え日本でその活動に協力していくためのネットワークを立ち上げることになった（共同代表は、内海愛子、上杉聡、飛田雄一の三名。事務局長は、福留範昭）。

七月一八日に東京韓国ＹＭＣＡで結成総会を開く。注目と協力をお願いしたい。

以下その呼びかけ文の一部である。

「真相究明ネット」は、まず「真相究明委員会」の日本での調査や資料および遺骨収集を支援する活動から始めたいと思います。また、多くの方々にネットに参加していただくことで、更に次のような活動をすること、あるいは活動の推進に寄与することを目指しています。

①日本政府に、政府および公的機関、そして企業の保有する強制動員関係の資料の提示を促進することを求める活動をする。②日本における強制動員の真相究明のための活動を通し、日本の世論が強制動員問題に関心を向けるようにする。③韓国で構成される被害者団体を含む「市民ネット」と連帯し、交流や可能な行事を行なう。④日本における真相究明法である「恒久平和調査局設置法案」の制定運動に協力する。⑤ネットワークで集約された資料を保管・展示する空間を作る。

私たちはできることから始めようと思います。今この時期を失せば、真相究明は極めて困難になります。被害者や証言者のほとんどが、そして調査・研究に関わってきた多くの方々が高齢だからです。上記の諸活動の推進は、「真相究明ネット」への皆様の協力なしには成り立ちません。

皆様、是非「強制動員真相究明ネットワーク」に参加して下さい。そして、日本、東アジアの平和で心豊かな未来を作ることに関与して行きましょう。

（『むくげ通信』２１０号、２００５・５）

再論／一九四六年強制連行「厚生省名簿」

七月一八日（二〇〇五年）、東京神田の韓国ＹＭＣＡで強制動員真相究明ネットワークの結成集会が開かれた。

その集会でも話題になったのは一九四六年のいわゆる朝鮮人強制連行に関する厚生省名簿が基本的に資料であるにも関わらず不明な点が多いということである。この厚生省名簿について改めて考えてみたい。

中国人強制連行に関する名簿は、中国が連合国に属していた関係で戦後に作られたものがあるが、朝鮮人についてはないとされていた。その名簿の存在が明らかとなったのが一九九〇年のことである。一九九〇年八月七日、労働省は、「いわゆる朝鮮人徴用者等に関する名簿の調査について」という記者発表を行なった。その内容は国保有の二種六万七六〇九人分、地方自治体所有の六種三八五四人分、民間保有の九種八一一五人分の名簿を韓国政府に提出したというものだ。この中で注目されたのが労働省倉庫にあった一九四六年に厚生省が行なった調査に基づく一六県分六万六九四一人の名簿である。内訳は以下のようになっている。

官斡旋・徴用　四万九一八二人
自由募集　　　　七二一七人
不明　　　　　一万五四二人

一六県分しか残っていないのが問題であるが、貴重な名簿である。厚生省名簿が労働省にあるのが奇妙な気がしたが、当時労働省がなく厚生省がその業務を行なっていたのである（近年また厚生労働省となった）。厚生省名簿の存在は、同年七月五日に発表しているが村瀬松雄厚生相援護局業務第一課長は「この名簿は、全軍（郡？）の朝鮮出身者をすべて含んであるわけではないので、不完全な資料としてこれまで、あるとは認めてこなかった」としている（朝日新聞夕刊、1990・7・5）。微妙な表現だが存在そのものには気がついていたような言い方である（この名簿は、韓国政府に引き渡されたのち一九九三年七月三一日～八月一日、奈良県で開催された第四回朝鮮人・中国人強制連行・強制労働を考える全国交流集会において一般に公開された）。

一方で兵庫朝鮮関係研究会は、一九九〇年六月から七月にかけて『特高月報』等で戦時中に朝鮮人を集団雇用したとされる兵庫県下の二八企業に「朝鮮人強制連行者の名簿および連行数の公表を望む要望書」を郵送した（以下、この件については、兵庫朝鮮関係研究会編『在日朝鮮人九〇年の軌跡』（神戸学生青年センター出版部、1993）所収、金英達「一九四六年『厚生省名簿』

が日の目を見る—兵庫県分一万三千余名のリスト」参照)。
この要望に二社が答えたが、新明和工業株式会社（旧・川西航空機株式会社）は下のような一部が焼けたファイルの存在を兵朝研に知らせ関連部分の写真を提供してくれたのである。

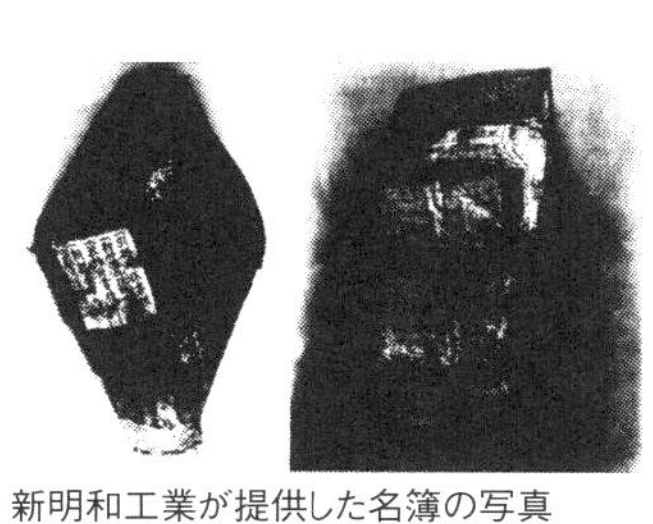
新明和工業が提供した名簿の写真

先の日本政府発表の厚生省名簿の経緯が分からなかったが、この新明和のファイルに綴じられていた文書で初めてその経緯が明らかとなったのである。以下の文書が出ているようである。
①一九四六年六月一七日付、厚生省勤労局、勤発第三三七号「朝鮮人労務者に関する調査の件」
②（兵庫の例）一九四六年六月二六日付、神戸勤労署、神勤乙第一七〇号「朝鮮人労務者に関する件」

兵庫では同年七月七日にまでに報告を神戸勤労署に報告することになっていた。全国でこのような調査が行なわれて、報告書が厚生省に届けられたようである。その後、どういうことか分からないが、一九九〇年七月になって一六県分の存在が明らかとなったのである。
①の文書については本年七月二六日厚生労働省に、②については七月二八日兵庫勤労局に情

報公開を請求したが現在のところ返事が届いていない。②は、新明和のファイルに一部が燃えて見えないものが綴じられている。

また新明和のファイルに一九四六年一月一〇日付「厚生省令第2号、昭和二〇年勅令第五四二号ニ基ク労務者ノ就職及従業ニ関スル件左ノ通定ム、厚生大臣芦田均」が綴じられていたが（この文書はすでに情報公開の対象となっている）、国籍等により労働者を差別してはいけないことを述べ差別する企業に制裁を加えることができるようになっているのである。

①の文書が公開され、その後の調査集計に関する文書も公開されれば厚生省名簿の実相が明らかになると思われる。日本政府は一六県以外の名簿は存在しないという立場であるが、日本政府が厚生省名簿の経緯を含めてすべての情報を公開することをしなければ名簿の不存在も怪しいものとなる。中国人強制連行に関する外務省報告書も日本政府はその存在を否定していた、一九九三年に東京華僑総会が保存していた報告書のコピーを公表することによって、初めて存在を認めたという経緯もあるのである（NHK取材班『NHKスペシャル 幻の外務省報告書～中国人強制連行の記録』日本放送出版協会、1994・5。テレビ放映は1993・8・14。一方朝鮮人強制連行の厚生省名簿についてはNHKで「調査報告『朝鮮人強制連行』1993・8・1」が放映されたが単行本化はされていない）。

日本政府による約一〇〇社に対する朝鮮人徴用に関する実態調査は八月をメドに結果を韓国

政府に伝えるとされているが、その一〇〇社の選び方も適切でない。強制動員真相究明ネットワーク結成の翌七月一九日、日本政府に要請活動をしたが、そのとき厚労省の話によるとこの一〇〇社は一六県分しかなかった一九四六年の厚生省名簿の六〇〇〇余りの企業のうち現在も存在している約一〇〇社についてのみ問い合わせたとのことだ。しかし竹内康人氏が各種文献にあたって作成した強制労働現場一覧表では二六七九ヶ所にものぼっているのである。

また日本政府は今回、韓国政府の要請を受けて遺骨返還について応じる姿勢を示している。六月二〇日に総務省自治行政局国際室長名で都道府県総務担当部局長および指定都市総務担当局長宛てに「朝鮮半島出身の旧民間徴用者の遺骨について」という情報提供依頼が出されている。①遺骨の所在地　②遺骨を管理する組織の名称・所在地・連絡先　③遺骨の状況　④氏名を含む身元の判明の有無　⑤その他関連事項について八月一〇日までの情報提供を呼びかけている。「なお、この期間を経過した回答につきましても随時受け付けております」との但し書きもついている。

本来であれば例えば日本政府が先の厚生省名簿に掲載されている死亡者名簿を提示して地方自治体からの情報を積極的に収集することも必要なことだと思う。また本人ないし遺族以外には開示しない厚生年金および供託金に関する名簿には、強制連行された朝鮮人の死亡に関して記述されていることが確実であるが、日本政府がその記述を地方自治体等に提示して徴用者実態調査や遺骨調査をすることが必要なことであり、報告すべき韓国政府に対する誠実な態度であろうと思う。

戦後六〇年を経過した今年、朝鮮人強制連行に関することがらがまだこの程度しか分かっていないのかという事実に、私自身は大きな反省をもつ。しかし、この事実の上に真相究明の努力を積み重ねていく以外に方法がないのである。

（『むくげ通信』２１１号、２００５・７）

第4部　交流集会等

「11・11戦争責任を考える集いinマツシロ」に参加して

去る一一月一一日（一九九〇年）、長野県松代市で集会が開かれた。私はかねてから、太平洋戦争末期に天皇が生きのびる先として大本営が作られたという松代を訪ね、地下壕等を実際に見てみたいと思っていたが、この集会を機会に訪ねることにした。神戸学生青年センターの朝鮮語講座の生徒でもあった宝塚市の中学校教師の近藤富男氏が中心となった兵庫県教職員組合宝塚支部教育研究委員会平和と民族の教育部会主催の「『即位の礼』『大嘗祭』に反対し天皇制を考え、強制労働に従事させられた朝鮮人に思いをはせる旅」に便乗させてもらい、一一人が車二台で松代に向かった。

午前六時過ぎに宝塚を出発し、一路松代へ。一時からの集会には少し遅れて参加した。第一部は地下壕の中での集会だ。大阪の民族文化研究会のメンバーによるコサ（告祀）、黒坂正文さんの歌「アポロジーズ（謝罪）」、アピール等があった。壕内の集会は現在公開されている五〇〇メートルの壕の終点の部分で開かれた。昨年、この松代大本営の象山地域の地下壕は公開のために危険地域を修復して公開された。この修復の方法については地元の保存運動グループは現状を改変しすぎたものであると反発している。五〇〇メートルの部分には電燈もつけられている。また、その五〇〇メートル以外の部分は、入れないように柵が作られている。

近藤富男さんの宝塚安倉中学は一昨年、修学旅行で松代大本営を訪ねて、生徒たちに大きな感銘を与えたとして新聞報道もされた。先の集会の日は、実行委員会が当局と交渉して非公開の部分を開けてもらい、壕内での集会の後、西側の出口までいってそこで屋外集会を開いた。特別に開けてもらった部分は、公開されている部分のように地面もきれいに整地されてなく、一部崩れているところもあり、より当時のおもかげをとどめているという。百聞は一見にしかずというが、実際に松代大本営の地下壕に入ってみると迫力がある。松代にはこの地下壕の他にも多くの施設があり、象山地域も含めて全体で甲子園球場の四倍の面積があると言われている。私が実際に歩いたのは公開部分の五〇〇メートルと特別に開けてもらったという部分だけだが、その巨大さが実感された。入口の掲示板は公開に際して新しく作られたものだがこの工事にたずさわった七千人といわれる朝鮮人の「朝」の字も出てこない。長野市の観光課が担当している象山地区の公開だが、その姿勢はおして知るべしである。

屋外集会では、実行委員会の日垣さん、原さん、『遥かなる旅・戦後史の谷間から』を書かれた山根昌子さん、韓国外大教授の朴菖熙さん、韓国からの留学生などの発言、黒坂さんの歌などがあり、民族文化研究会の方々のサムルノリそして全員でのカンガンスウォルレで締めくくった。夜は、国民宿舎で交流会があり、約七〇名が集まった。自己紹介をするだけに終わって少し残念だったがいろいろな地域からいろんな思いをもって松代の集会に参加してきていた。二次会に誘われ、私は地元の実行委員会の人、東京の和光大学のグループ、韓国からの留学生たちと街へくりだした。今年名古屋で初めて開かれた「第一回朝鮮人中国人強制連行強制労働を考える全国交流集会」の第二回大会が来年七月二七〜二八日、兵庫県で開かれことが決っているので兵庫を代表して（?）私が飲みにいき、午前三時まで喋っていたのである。

◆　◆　◆

翌日、松代大本営の天皇が入るはずであった壕にも行こうということで、現在、地震観測所がある舞鶴山へ行った。松代大本営といえばここというようにテレビなどでよく紹介されるコンクリートの階段の所である。階段を降りて突き当りの奥は精密な地震計等があるということで入れてはもらえない。外に出ると、空襲がないときに天皇が暮らすことになっていた建物がある。四五年前の物とは思えないぐらいしっかりとしていて立派な床間も見える。松代大本営には全体で一二ヶ所施設があったが、爆撃で天皇と皇太子が一緒に死んだら具合が悪いということで、別々に住むことになっていたようだ。

我々の一行は、欲張った計画を立てていて、松本市里山辺にあるもう一つの地下工場跡も訪ねることになっていた。案内して下さる人が都合がつかなくなり『長野県の教育に夜明けを』(池田練二著、1978)の地図をたよりに直接訪ねることにした。松代大本営と同じく七千人の朝鮮人が働かされたという三菱航空機会社の地下工場跡である。松本市の市街地から二キロほど東にあるはずだ。めぼしをつけて車を走らせ、地元の人に聞くと一人目の人はもう少し西側だという。ウロウロしているとキノコ取りの老人が向うに見える煙突の手前あたりではないかと教えてくれる。また少し行くと、畑で化学肥料を蒔いている農民がいて、川沿いに朝鮮人の飯場があったこと、そのあたり一帯にドーム状の半地下工場があったこと、そして地下工場の入口がスクラップ工場の奥にあることを教えてくれた。また、車に乗ってソロソロと山の斜面を見ながら行っていたら同行のセンター朝鮮語講座の中村みはるさんが「あった!!」という。スクラップ工場のちょうど車がうず高く積まれているその少し上に、穴があいている。穴は九ヶ所あったらしいが現在は一ヶ所だけが残っている。そこだけが岩盤がむきだしになっていたため入口が残り、他の所は埋ってしまっているらしい。

昼食の後、その地下工場跡を訪ねる。かなりの崖の上にあり、一部ロッククライミング的なところもある。同行の兵庫朝鮮関係研究会の鄭鴻永（チョンホンヨン）さんは歳をかえりみず（失礼！）、登り始める。自称登山家の私ももちろん登った。入口には後に作ったと思われるブロックが積み上げられ木の戸がついている。「外国人強制労働長野県調査団松本班」が一九九〇年七月七日に作ったこの地下工場跡が強制労働の遺跡であることを書いた看板がある。中に入るとすぐに倉庫の跡のようなものがあり、またしばらく行くともう少し大きな倉庫のようなものがある。キノコを栽培したのか発砲スチロールのケースがあったり足元に美味しそうなキノコも一つ発見した。トンネルの条件を利用してキノコ栽培のために作った建物の跡ではないか、入口のブロックおよび戸も、キノコ栽培のための気密性を保つために作られたのではないかと想像した。

それ以上奥に入るにはもっと本格的な装備が必要なようで、我々はそこで断念して外へ出た。家に帰ってからもう一度『……夜明けを』を見ると「倉庫」の場所に「宇宙線測定機」とあり、『図説・松代大本営』（和田登編著、1987）にあるこの地下工場の図面を見ると「信大宇宙線？建物あと？」とある。すると二三年前にすでにそれらしい施設があり、それを後に誰かがキノコ栽培に使ったのではないかとも思われる。ブロックもキノコ栽培の機密性と関係ないようだ。自力(?・)で地下工場の入口を発見できたことは幸運なことだという鄭鴻永さんの言葉に我々は満足し、一路宝塚に向った。一泊二日の強行軍であったが、充実した旅であった。

(『むくげ通信』123号、1990・11)

神戸大学農場に朝鮮人強制連行跡地を訪ねて
——兵庫県加西市・鶉野飛行場

七月一二日（一九九一年）、私は二〇年ぶりに母校神戸大学農学部の実験農場を訪ねた。七月九日に結成された兵庫県朝鮮人強制連行真相調査団の鶉野飛行場跡の現地調査に参加させてもらったのである。一九六九年、神戸大学農学部園芸農学部に入学し、教養部で少し寄り道をし、三年目に学部へ上がると、毎週一回の農場実習があった。当時は中国自動車道もなく、神戸大学から農場のある加西市まで、専用バスで二、三時間かかって農場に行き、田植、稲刈り、乳搾り、葡萄の剪定、牧草刈り、大根ぬきなどなど、毎週一回のバラエティーに富んだ実習は、楽しいものだった。田植も午前中は手で植え、午後は機械でという具合に、稲刈りも手刈り→小型稲刈機→大型コンバインという具合で、なかなかためになる実習であった。

◆　◆　◆

数年前に兵庫朝鮮関係研究会や姫路朝鮮問題研究会が鶉野飛行場関係の地下工場等を調査

し、その成果の一部が『地下工場と朝鮮人強制連行』（明石書店）にも発表されているのは知っていた。しかし、直接現地を訪ねる機会もなくそのままやりすごしていたのであった。ここに約一五〇〇人の朝鮮人が川西航空機の疎開工場および海軍鶉野飛行場で労働を強いられていたのである。

兵庫県の真相調査団の結成式で鶉野飛行場についての予備調査の話として、神戸大学の農場の一部に砲台の跡が残っているという話もうかがった。これは是非参加せねばと思い、後輩にあたる農学部の大学院生二人とともに調査に参加した。当日、一〇時に加西市役所に集合し、打ち合せののちマイクロバスに乗って鶉野飛行場関係の施設を回った。まず、市役所を南下して機関砲座跡へ行った。田んぼのはずれに直径五メートル程の穴があいており、周りは頑丈なセメントで固められている。当時、鶉野飛行場があった関係で農村的なこの地方にも「グラマン」などがよく空襲にやってきたというが、それを打ち落とすために機関砲（高射砲）がこの穴の真ん中に置かれていたという。地下には弾薬庫もあるというが、埋まっていて見ることはできなかった。また、バスに乗り込んで四、五分も行くと鶉野飛行場の滑走路の跡だ。当時、海軍姫路航空隊の練習機が離発着していたというが、現在、飛行場として使われておらず自衛隊が管理している。道路として使用されているのでもなく、車でここに迷いこむと、夜など出口が分からなくなってしまうという。滑走路は五五〇メートルのもので工事前は、かなりの起伏のあった地域だというが、いまはまさに無用の長物が延々と続いている。ＮＨＫが現地調査取材のためにヘリコプターを飛ばし、夕方ニュースでその映像を見たが、航空映像で見ると農地の中に異様な滑走路の跡が残っている様子がよくわかる（ビデオをとりましたので必要な方はどうぞ）。セメント舗装がされているが、よくみると敗戦近くの工事だったからか完璧なものではない。また附近には格納庫のような半地下の施設も残っている。また、少しバスに乗ると民家の前に大きな防空壕がある。あまりにも強固にできているので壊すに壊せない代物だが、当時弾薬庫として使用されていたのではないかと推察されている。今は、露出しているが、当時はまさに壕として土に埋もれていたらしい。

◆　◆　◆

つぎに訪れたのが神戸大学の実験農場。本当に久しぶりだ。案内をしてもらって農場を少し入っていったところは、かつて、翌年の収穫のこともあまり考えずにチョキンチョキンと葡萄の剪定実習をした畑のすぐ前だ。ここに高射砲跡がある。先の高射砲跡と実験農場の高射砲跡とは滑走路をはさんで反対側にあり、爆撃に対抗するための要所だったのだろう。農場の高射砲跡は大きさは先の高射砲跡と同じぐらいだが、地下の弾薬庫（？）が埋まってなくて入れるという。長靴持参の私はさっそく入ってみた。高射砲が直径五メートルほどのものでそう大きな地下倉庫ではないが、コンクリートがすごい。できたてのように生々しく、少々の爆撃では破壊されないような強固さである。

真相調査団の洪祥進さんから、農場内には高射砲の他にも発電所跡などの壕が残っているという説明があったが、前日話をうかがった保田茂さん（神戸大学農学部助教授、学生センターの監事）も、防空壕跡のようなものは他にもいくつかあって、それを利用してキノコの研究をした先生もいたという。学生時代、私も高射砲跡は知らなかったが、実習のとき壕の跡のようなものを見たことがあるような気もする。

◆　◆　◆

その後、朝鮮人飯場跡の一つに案内してもらってから農業環境改善センターに場所を移し、当時を知る朝鮮人と日本人からそれぞれお話をうかがった。お一人は一九二〇年生まれの鄭熙武さん。鄭さんは二〇歳の時に募集で長崎の炭鉱に来てから五ヶ月後に逃亡し、関東を転々としてから鶉野飛行場建設工事に約三年間かかわられた。トロッコ押しのようなきつい仕事はほとんど朝鮮人がしていたことなどをうかがった。

もうお一人は、一九三一年生まれの友井公一さんで、兵庫県加東郡社町の町会議員（社会党）をされている。昭和池工事で犠牲となった朝鮮人の名が刻まれた慰霊塔を発見された方で、この七月二七〜二八日西宮市で開かれる「第二回朝鮮人・中国人強制連行・強制労働を考える全国交流集会」で、それについて分科会報告もされる。鶉野飛行場建設当時は戦場に行っていた人が多く、当時のことを知っているのは、徴兵に取られない一四歳以下か四〇歳以上の人に限られるという。当時四〇歳以上の人は現在では亡くなられた方が多いという。友井公一さんは、父が区長で三〇〇人の朝鮮人の飯場の世話をしていた関係で朝鮮人とつきあいがあったこと、土砂を満載したトロッコは怖くて近寄れなかったけれど空のトロッコを押して遊んだことがあること、戦後高射砲台下の倉庫に海軍が隠していたパンや乾燥ハマグリなどがあり盗ったことがあることなどを証言した。

◆　◆　◆

今回の調査で特に注目されたのは、全国で三例目の「朝鮮人寄留簿」が見つかったことである。予備調査の時に九会（くえ）村役場関係の資料の中から発見されたもので、一九四三年三月二九日から四六年六月二六日までの一〇九世帯、五五五名の、年齢、性別、前寄留地、寄留日が記されており、また同時に、四三年、四四年の朝鮮人の除籍簿も発見されている。そこには九世帯が舞鶴市に転居したことなどが書かれているという。「という」というのは、加西市当局がその戸籍簿および除籍簿を公開してないからだ。真相調査団はその公開を要求しているが、加西市は、戸籍簿等は現在の住民票に相当するもので「プライバシー」の問題があるので、全面公開できず、あらたにワープロで打ちなおしたものを後日公開するという。プライバシーをまさに蹂躙して強制連行された朝鮮人の戸籍簿公開要求に対して、プライバシーを理由に拒否するとは腹立たしい限りである。

昨年(一九九〇年)、今年と朝鮮人の強制連行現場をいくつか訪ねたが、母校の農場にその「跡」を訪ね、学生時代の自分を振り返ってみて、このような事実を全く知らなかったという恥かしさを覚えるとともに、まさに足元の歴史を知ることの大切さを改めて感じた今回の調査であった。

(『むくげ通信』127号、1991・7)

訪問記「北海道開拓記念館・防衛研究所図書館」

二月×日（一九九二年）、北海道開拓記念館を訪ねた。この記念館は強制連行の「名簿探し」がマスコミでよく報道されていたころ、朝鮮人労働者の写真入りの名簿が所蔵されているとして何度か報道された記念館だ。ちょうど盛岡に出張があったので帰りに立ち寄った。立ち寄るには少し遠いが、むくげの会々員の北原道子さんが札幌に引っ越したこともあり、昨年の韓国行きの際、韓国で日本の国内航空券を買えば安いのではないかと考え、すでに購入していたのだった。ソウル→大阪→盛岡→札幌→大阪→ソウルと買った。結局、ソウル・大阪間は日本で買うよりだいぶ安いものの、国内便は大差はなかった。どういう訳か知らないが、都合で、札幌→大阪を札幌→東京→大阪に変更したら五万六千ウォン分返ってきた。深く追及して間違いだったらいけないのでその理由は追及していない。

さて、北海道開拓記念館は千歳空港と札幌市の間の新札幌にある。ＪＲあるいは地下鉄の新札幌から「開拓の森」行のバスで「記念館入口」下車で徒歩五分。札幌から旭川に行くＪＲに乗り「森林公園」で降りれば徒歩二〇分だ。記念館は野幌森林公園という二千㌶もある公園の一角にある。二月に行ったので辺りは一面の雪景色で、最近はやりのクロスカントリースキーで走り回りたいようなところだ。二月の公園は閑散としており、おまけに記念館も一九七一年の開館以来初めての展示物の総入れ替えの時期で、四月まで全面改装工事のため休館中だった。知らなかったとはいえ遠路はるばるやってきたのである。このままでは帰れない。ヘルメットをかぶった工事の人に聞いて資料室を訪ねた。

決して広くはない「情報サービス室」へ案内された。この資料室には、強制連行に関して、①住友鴻之舞鉱山史料（四二点）、②日曹天塩炭鉱史料（五六点）、③万字炭鉱史料（一点）、④北炭札幌事務所史料（一四点）の史料がある。その内容は例えば、戦後補償研究会編『在日韓国・朝鮮人の戦後補償』の「Ⅷ朝鮮人鉱山労働者関係史料について」（姜徳相〈カンドクサン〉）に紹介されている。強制連行関係の資料を閲覧させてほしいというと、最近この関係の来訪者が多いためか、すぐに目録を出してくれて、必要なものは請求してもらえばお見せするという。午前中だけしか時間がないので、先の①②④から二、三点ずつ請求した。資料の原物は、一点ずつ紙袋に入ったものを出してきてくれた。同行の北原道子さんとザーッと読んだ。新聞に紹介されていた写真入りの被強制連行者の名簿もすぐにみつかった。出身地などを見ながら、この人々は炭坑でどんな労働を強いられたのだろうか、解放後どうなったのだろうかなどと想像させる、迫力ある資料だった。有名な『特殊労務者の労務管理』を書いた北海道炭砿労務部長・前田一に会議の参加を求める手紙（一九四一年一一月二七日）が出てきたりもした。東京の国立公文書館などで強制連行関係の資料を探そうとすると海の水をスプーンですくうような感じもするが、北海道開拓記念館の強制連行関係の資料はまさにそれが凝縮してある。その資料は一部が明石書店発行の資料集などに収められているが、そっくりそのまま資料集に収めれば強制連行研究が進展するのではと思われるような内容である。会社と政府・行政とのやりとりがそのまま（？）残されているので、資料としての普遍性はあると思う。コピーサービスがないのは残念だが、写真撮影は可能である。

この時期はバスの本数も少なく、記念館の外で新札幌への帰り方を訪ねたらその方が、自分もその方面に行くといって自動車に乗せて下さった。感謝感激で、乗せていただき車中でいろいろと話しているとまさにその方が資料室の責任者だった。「名簿探し」の時期にマスコミの取材が大変だったことや、中にはヒドイ態度のものもあったとかと話がはずんだ。新札幌でお礼を言って別れてから、私は、名刺交換をしたときに財布を忘れていたことに気がついた。結局、私の手に戻ったが、忙しいのに迷惑をかけてしまった。

北海道は、関西のわれわれにはかなり遠いが、機会を見つけて訪ねてみては！、とお勧めする。

◆　◆　◆

二月△日、国会図書館に行った。GHQの資料などを見るため何度が訪ねたが、先号（131号）の『むくげ通信』の研究報告「在日朝鮮人・滞日外国人と生活保護」を書くために、国会議事録を見に行こうとしたのである。すると、なんてことか。月に一回の水曜日の休館日だったのである。わたしのような人もかなりいて、張り紙に当たり散らすわけにもいかずにみなスゴスゴと帰って行く。わたしも、議事録はあとで東京の人に頼むことにして、防衛研究所図書館に行くことにした。今度は電話をして開館を確かめた。

防衛研究所図書館は、従軍慰安婦に軍が関与していたことを示す資料が中央大学の吉見義明氏によって発見され、それまで、民間業者が勝手にやったこととしていた政府をして、それを認めさせたということで有名である。防衛庁の施設というだけで近寄りがたいものと思っていたが、行ってみるとそうではない。場所は、JRまたは地下鉄日比谷線の恵比寿で降りて徒歩一〇分。入口に制服の自衛官が銃をかまえて立っている、ということはない。受付で住所氏名を書くとその用紙の控えとバッチのようなものをくれる。それを胸につけてはいり、帰るときに図書館で控えにハンコを押してもらい、それをバッチとともに受付けで返せばいいのである。

図書館は、一部の資料を除いて開架式ではない。目録あるいはカードをみて請求して出してもらうのである。職員の方々は親切で親しみやすい。閲覧室は三〇席ほど。午前中でも人がいるが、席がないというようなことはなさそうである。

従軍慰安婦問題の関連で注目された資料は、「大日記」などである。初めての図書館に行くとやはり半日ぐらいは、漠然とどういう資料がありどういうシステムになっているのかをつかむまでにかかる。防衛研究所図書館は、大日記関係のものは、目次の部分をコピーして製本したものがズラーと並んでいる。大きな本棚三台分位である。いろんな日記があってそれらがどういう関係になっているのかが分からなかったが、それを解説したパンフレット（B5、一一頁）もある。ただし紐で本棚にぶら下がっていて、そのまま読むのはかなり骨が折れる。私はそれのコピーを請求して、後日届いたそれを読んでほぼ理解できた。ここでは後日郵送となるが有料でコピーを請求できるのである。大日記類は、コピー不可の資料となっていて、マイクロフィルムの撮影から請求することになるので少し高い。費用は、まず基本料が二九〇円、コピー三五円／一枚、マイクロフィルム四二円／一枚、フィルム焼きつけ五〇円程度／一枚（サイズによる）、それに消費税、送料である。先の大日記の解説パンフレットは、すでにわたしがコピーを持っているので必要な方は私まで。

パンフレットによると陸軍省大日記は、「陸軍省発来簡の公文書類を、所管の陸軍大臣官房が、歴代、編冊し保存してきた簿冊等の総称」だ。戦後、米軍が持ち帰ったものが一九五八年に日本政府に返還されてこの図書館に保管されているのである。分類表の一部を次頁に掲げておく。№1の軍事機密大日記から、№79の陸軍省雑文書まである。製本されている目次は正確なものとはいえず、それらしいものを丁寧にみていくしかないようである。全体のボリュームはよく分からないが例えば太平洋戦争時期の「密大日記」（分類表No.3）は一年分だけで一〇センチぐらいのものが十数冊ある。陸軍の大日記に類する海軍のものとして「海軍公文備考分類表」に掲載されているものがあるがまだその部分については一つも見ていないのでわからない。以上の史料はアメリカから返還されたものであり、マイクロフィルムとしては国会図書館の憲政資料室でも見ることができる。日本へ返還される前にアメリカで目録が作られマイクロフィルム化され

陸軍大日記類分類表

NO	区分	年代	NO	区分
1	軍事機密大日記	M 32〜S 15	25	陸亜普綴
2	陸機密大日記	S 11〜S 15	26	陸密綴
3	密大日記	M 26〜S 17	27	陸普綴
4	大日記甲輯	T 9〜S 15	28	太政官
5	大日記乙輯	M 44〜S 15	29	太政官布達
6	欧受大日記	T 3〜S 元	30	太政官布告
7	西密受大日記	T 7〜S 元	31	太政官日誌
8	西受大日記	T 7〜T 14	32	規則条例
9	陸満機密大日記	S 8〜S 15	33	陸軍省達
10	陸満密大日記	M 37〜S 16	34	陸軍省日誌

陸軍関係史料分類表

NO	分類	分類細
1	総軍	第1総軍、第2総軍、関東軍、南方軍、朝鮮軍
2	方面軍	第1〜第18方面軍、北支方面軍、南支方面軍
3	軍	第1軍〜第15軍
4		第16軍〜　駐蒙軍
5	旅団	旅団、歩兵旅団、独立歩兵旅団、独立混成旅団 海上機動旅団、機動旅団、野砲兵旅団、支那駐 戦車旅団、その他の旅団
6	師団	近衛、第1〜第15師団
7		第16〜第40師団
8		第41〜　兵団

海軍関係史料分類表

NO	分類	分類細
1	陸上部隊	防備隊、警備隊、防備戦隊、根拠地隊、潜基隊、防空隊、設営隊、警備府、鎮守府、魚雷調整班、各廠、通信信号、その他の部隊
2	艦艇部隊	艦隊、航空艦隊、戦隊、水雷戦隊、潜水戦隊、海上護衛隊、掃海隊、駆逐隊、駆潜隊、急襲隊、監視艇隊、魚雷艇隊、特攻戦隊、その他の部隊
3	艦船	艦艇全般、艦艇、戦艦、巡洋艦、駆逐艦敷設
4		敷設艦、特務艦、海防艦、輸送艦、潜水艦、掃海 駆潜艇、航空母艦、水上機母艦、潜水母艦、艦船
5	船舶	船舶、戦闘詳報・戦時日誌、行動調書、その
	特攻	海上特攻、航空特攻

陸軍省大日記の分類表一部

た。それは発売されたので、日本のいくつかの大学が部分的に購入している。韓国の国会図書館も購入しているが、そこでは英文の目録を翻訳した韓国語の目録『日本外務省及び陸海軍文書マイクロフィルム目録』(一九六八年一二月、B5、515頁)を作成している。朝鮮関係の記事は特に丁寧に翻訳しているようで非常に参考になる。日本語の目録としては、①軍事史研究会『研究資料№1 旧陸海軍関係文書目録』(B5、174頁)、②早稲田大学文学部『米国国会図書館所蔵　米軍没収資料マイクロフィルム目録(一部)』(一九七五年、37頁)がある。必要な方はこれも私まで。

これらの目録をながめながら防衛研究所図書館、国会図書館などで少しずつ原物あるいはマイクロフィルムを見てみると少しずつその関係性がわかってくる。これらの文書の一部は日本でも韓国でも資料集として発行されているが、出典の不明なものがあったりして戸惑うことが多い。防衛研究所図書館や国立公文書館に原物が返還されているものとの関係等、できるだけ客観的な位置づけがしたいものである。

防衛研究所図書館には、大日記の他に多くの単行本、地図等があるが、それは文献カードで検索して請求番号を書いて請求することになる。主に、①陸軍関係史料と②海軍関係史料とがあるが、その分類表の最初の部分だけをコピーしたのが右頁のものである。①は№77まで、②は№42まである。従軍慰安婦問題の関係で新しい資料が防衛研究所図書館で見つかっているが、それは、たとえば「大日記」（公文書）、あるいは陸海軍史料にある日本軍の侵略した地域の部隊の記録をつぶさに調べることから明らかになってきているのである。強制連行の問題を含めて、日本政府の「秘密主義」をくずして、全体像をつかみたいものだが、まあ、多い少ないはともかくわれわれは税金を払っているのだから（もちろん在日外国人も）、防衛研究所図書館を、どんどん臆せず利用することにしたい。

（『むくげ通信』１３２号、１９９２・５）

第五回朝鮮人・中国人強制連行・強制労働を考える全国交流集会に参加して

今年（一九九四年）のあつ〜〜〜い夏のど真ん中の七月三〇〜三一日、長野市で「第五回朝鮮人・中国人強制連行・強制労働を考える全国交流集会」が開かれた。この交流集会は、一九九〇年八月に名古屋で第一回の交流集会が開かれている。同年五月の盧泰愚大統領の訪日をきっかけとして強制連行の「名簿さがし」が話題となっていた時期に、全国各地で調査活動を続けていた人々が一堂に会して情報を交換する会として開催された。以降、兵庫（一九九一年）、広島（九二年）、奈良（九三年）と開かれ、今年は松代大本営で全国的に知られる長野市で開かれたのである。

松代大本営は、太平洋戦争が敗色を強めて、本土決戦が予想されるという状況のもとで、一九四四年一一月に始められた大規模な地下壕である。全長一万三千メートルの長大なもので、政府機関、放送局から天皇の「御在所」まで作られた。工事は秘密裏に進められたが、そこには多くの被強制連行朝鮮人が動員されたのである。

毎年、むくげの会からも何名かが参加しているが、今年参加したのは、堀内稔、鹿嶋節子、金英達と飛田の四名である。それに時々『むくげ通信』に登場する原田智子、田村禎子、北原道子（およびその彼・倉持光雄&子・由木）も参加した。それぞれが思い思いに現地に出かけたが、鹿島、飛田と田村は前日から長野県白馬村の元学生センター職員・新井久子宅へ車で出かけた。新井夫妻は、脱サラして昨年から白馬村に住んでいる。朝一〇時ごろには出発したが、京都までの停滞がひどかった。中央自動車道は快適に飛ばしたが、到着したのは午後九時ごろであった。神戸時代に有機農業の消費者グループでも活動していた新井さんは、庭で野菜を作り屎尿処理にも工夫をこらし、木工大工をしたりスキー場の仕事をしたり……して暮らしている。その日は、大いに語り大いに飲み、寝た。

翌日、朝一一時からの松代大本営フィールドワークに間に合わせるべく九時ごろに白馬村を出発して松代に向った。山越えの道で景色は良かったが、鹿嶋、田村は少々（?）車酔いをしたようだ。ほぼ時間どおりに松代に着くと、おなじみの顔もチラホラとあった。そのあいさつは、「あつ〜〜い、あつ〜〜い」。さて、グループごとに大本営のトンネルにということで、鹿嶋、田村は懐中電気をかざして入坑。一方私は、交流集会参加の第一の目的（?）の学生センター書籍販売のために交流会会場の長野市内の勤労者福祉センターに先に出かけた。私は、トンネルに二度入ったことがあるので、今回は「商売優先」となったのだ。会場についてさっそく店をひろげ、この日にやっと間に合わせた『１９９４年朝鮮人・中国人強制連行・強制労働資料集』（金英達・飛田雄一編、センター出版部）などを並べた。

午後から始まった全体集会は、実行委員会代表の竹内忍さんのあいさつの後、歴史研究者の青木孝寿さんの特別報告と作家の井手孫六さんの記念講演があった。青木さんは長野県下における教育研究活動の中心的な方で松代大本営を保存する会の代表もされている。松代大本営をめぐるこれまでの活動の整理とその現代的な意味などについて講演された。井手さんは、午前中に初めて松代大本営に入られた感想も含めて自身の体験にひきつけた、味わいのある講演をされた。

全体集会終了後、宿舎である善光寺の宿坊に移動した。この全国交流集会は規模が年々大きくなっているが、三百名ほどを一ヶ所に収容できる施設が松代町になかったため、長野市内で善光寺の宿坊を利用して行なうこととなったのである。ずらーと並んだ善光寺の宿坊は、大変興味深いもので、下駄を履きうちわをもってブラブラすると気分がよかった（翌朝、善光寺の地下の闇の世界を観覧した。値段は高いがおすすめである）。いくつかの宿坊に分かれての夕食ののち、分科会が始まった。今年は次のように九つの分科会がもたれた。

①入門講座、②強制連行・強制労働をどう教えるか、③女性と戦争（「慰安婦」問題を中心と

して）、④強制連行・強制労働とマスコミ、⑤調査・研究の新たな展開、⑥史跡保存のあるべき姿、⑦戦争責任・戦後責任を検証する、⑧強制連行・強制労働と在日、⑨「戦後五〇年」からの出発。

私は松代・朝鮮人「慰安婦」の家を残そう実行委員会の入江さやかさんとともに、第④分科会の司会を担当した。今年の分科会は、報告の本数を減らして論議の時間を増やそうということになり、第④分科会でも二本の報告を中心に論議することになった。『韓国近い昔の旅――植民地時代をたどる』（凱風社）を書かれた神谷丹路（かみやにじ）さんと新聞記者でもある司会の入江さんが報告した。神谷さんは、新聞・テレビの強制連行された朝鮮人を訪ねての韓国取材に通訳として関わった体験とその後の日本国内の調査活動を続けている市民運動グループとの連携のこと等を、入江さんは自身の記者としての体験と「さめやすい」マスコミの体質の市民団体のそれに対する取り組み方（？）等について報告した。この分科会には、新聞・テレビの関係者、フリーライター、映画監督、調査保存活動をしている人等、バラエティー豊かな方々が参加した。分科会は一日目の夜と二日目の午前の二回にわたって行なわれた。残念ながらテーマをしぼりこめず、議論百出カンカンガクガクのにぎやかな分科会とはならなかったが、それなりに意義ある交流をすることができた。詳しくは、松代集会の実行委員会によって作成される報告集を読んでいただきたい。

夜には、恒例の交流会が開かれる。今回は、各宿坊毎に交流会が開かれたので残念ながら一堂に会しての大交流会はできなかった。私のように厚かましい者は、宿坊をハシゴしていろんな人に会うことができたが、遠方より一人で初めて参加したというような人には、不充分な交流会であったかもしれない。他の泊り客から「我々はあす朝早くから善光寺にお参りするのだ。いいかげんにしてくれ」と怒られ、別の宿坊に交流会会場を移してきたグループもあった。

最後の全体会では、分科会の報告、構成劇「あなた朝鮮の十字架よ」があった他、「『アジア交流センター』（仮称）設置構想の白紙撤回と被害者個人への『謝罪と補償』を求める声明」が採択された。また、昨年以来全国の主だったメンバーで話し合いをしてきて、今年の交流集会で正式に交流集会の「世話人会」ができたことの報告もあった。世話人は、①全国交流集会の運営について協議する、②交流集会を実りあるものにするために、地域での調査活動を進めている人々と積極的に連絡をとってネットワークを広げ各地での調査活動の成果が交流集会に反映されるように努力することを目的としている。現在、全国の二四都府県の三〇名である。ゆくゆくは、すべての都道府県にすくなくとも一人の世話人ができることを願っている。当面この世話人会の連絡は、私が担当することになっている（連絡先は神戸学生センター）。

さて来年は「戦後五〇年」の節目の年となり、交流集会も第六回を迎える。全体集会の最後に大阪のグループから次回開催地の立候補宣言があり、高槻地下倉庫（タチソ）の保存運動を進めているグループが中心になって開かれることが決定した。また大阪での再会を楽しみにしたい。

（『むくげ通信』146号、1994・9）

「第一〇回朝鮮人・中国人強制連行・強制労働を考える全国交流集会 inきゅうしゅう」参加の記

第一〇回となる「全国交流集会」が今年（一九九九年）は熊本市で開かれた。これまでのようなひとつの府県実行委員会の主催ではなく九州実行委員会の主催によるもので、七月三一日、八月一日の両日、約三〇〇名の参加者が集り開催された。

交流集会には全国世話人会があるがそれは、「①全国交流集会の運営について協議する、②交流集会を実りあるものにするために地域での調査活動を進めている人々と積極的に連絡をとってネットワークを広げ各地での調査活動の成果が交流集会に反映されるように努力する」ための会である。亡くなられた朴慶植先生は田中宏先生とともにこの世話人会顧問をしてくださっていた。朴先生は亡くなられるまでこの交流集会には皆勤で、いわばこの交流集会も朴先生が六〇年代に蒔かれた種を刈り取る作業をしている全国の仲間が集まっているともいえる集会である。

最後に参加された第八回の松江集会であいさつされた先生が、第一回目から第七回の集会場所をすべて記憶されていて、「第一回の名古屋は……」とその全てを回顧されたのが印象に残っている。第二回以降の開催地は、第二回兵庫県（西宮市、神戸市、1991）、第三回広島県（呉市、1992）、第四回奈良県（信貴山王蔵院、1993）、第五回長野県（長野市松代町、1994）、第六回大阪府（高槻市、1995）、第七回岐阜県（岐阜市、1996）、第八回島根県（松江市、1997）、第九回石川県（金沢市、1998）であった。

今夏の九州集会では、以下六つの分科会がもたれた。①入門講座、②「壬辰倭乱」と現代、③強制連行・強制労働（全国／九州・沖縄）、④戦後補償問題課題と展望、⑤調査・保存—近代遺跡調査をめぐって、⑥どう伝え、どう語り継ぐか—運動・教育実践の交流。

一番の話題となり新聞に集会内容とともに大きく報道されたのは①入門講座での朴仁祚（パクインジョ）さん（金沢市）の証言である。朴さんは金沢で処刑された尹奉吉（ユンボンギル）氏の調査・追悼活動の中心的なメンバーとして知られているが、太平洋戦争末期に知覧の基地から特攻隊員として飛び立った経験の持ち主でもある。これまで関係者の間でした明らかにしていなかったが、今回の交流集会で実に生々しくその過程をお話し下さった。六分会の報告と共に刊行される報告集を是非読んでいただきたいと思う。

交流集会後のフィールドワークは、九州集会ならではのコースであった。三井三池コースと熊本近辺コースで、後者は三菱健軍航空機製作所の他に加藤清正ゆかりの遺跡を訪ねるものだ。九州実行委員会は集会にあわせて『九州の強制連行』（A5版、八二頁、五〇〇円）を刊行したがこれからの九州フィールドワークで必携書となるものである。

さて一〇回を重ねた全国交流集会であるが、二〇〇〇年以降をどのような形で開催するかについて九州集会前の六月、世話人会で討議をした。そこで世話人会は全国各地における一〇回の全国交流集会を開催できたことによって役割は終えたこと、第一一回以降を一〇回までのような形で開催することが地元の負担が大きいこと等により困難であることなどの理由から二〇〇〇年以降は新しい形での交流をすることになった。

具体的には、世話人会は解散し、二〇〇〇年以降は各地のいずれかのグループが主催する集会に有志が参加する形で交流集会を行なうということになる。世話人会の「まとめ」および「二〇〇〇年以降の交流集会について」は、世話人会ホームページにあるのでご覧いただければ幸いだ。

また、今後の案内等については、便宜的に飛田（神戸学生青年センター）が管理するホームページで行ない、そのホームページ更新情報を希望する人は、hida@ksyc.jp に申し込む（無料）。さらに、そのホームページ上のネットワークに加わろうとする個人・団体は、上記E－mailまたはFAX（078）821－5878で飛田に申し込む、その個人・団体は、上記ホームページに掲示されることになっている。

交流集会は新しい展開をすることになったが各地での強制連行調査はまだまだ継続している

し、それがまたネットワークを作ろうとするエネルギーにもなっている。神戸では、神戸港に強制連行された中国人労働者の来神をきっかけに「神戸港における戦時下朝鮮人・中国人強制連行を調査する会」結成の動きもでてきている。中国人強制連行に関する外務省報告書の神戸華工管理事務所の資料もすでに復刻され分析が進められている。

昨年朴慶植先生を失ったことは余りにも大きなことであるが、蒔かれた種を刈り取るだけでなく私たち自身が種を蒔く仕事を始めることがいま求められている。

（『在日朝鮮人史研究29号』１９９９・10）

朝鮮人強制連行　神岡・高山フィールドワーク

昨年（二〇〇六年）「韓国・朝鮮の遺族とともに、遺骨問題の解決へ」という取り組みがなされた。同全国連絡会（共同代表／上杉聰、内海愛子、清水澄子、殿平善彦）が主催したもので、今年も韓国より遺族を招いて飛騨市神岡・高山で七月二八日フィールドワークが行なわれ、翌二九日に名古屋で全国集会が開かれた。

招かれた遺族たち

神岡には二回目の訪問だが、私にはかのイタイイタイ病の神通川の神岡と今回の強制連行の神岡とが、つながっていなかった。神岡鉱山には二千名の朝鮮人が強制連行されている。

フィールドワークでは、朝鮮人労働者が動員された浅井田ダムを見学したのち、臨済宗妙心寺派両全禅寺に行った。ここには四体の朝鮮人遺骨が納められている。

金文奉（キムムンボン）さんの遺骨がこの寺にあることは、すでに四〇年前に金逢洙（キムボンス）さんが過去帳で確認をしており『ピッタム』に記録されている。金文奉さんが済州島出身であることが骨箱に記載されているが、昨年の済州島フィールドワークに参加した下嶌（しもじま）さんが、済州島関係者の協力を得て遺族を確認することができたものだ。今回、このフィールドワークにあわせて遺族が来日して遺骨を引き取ることができたのである。

その後、神岡鉱山に向かった。現在は採掘を行なっていない沈殿池、宿舎、坑口、事務所、学校の跡などを訪ねた。いずれもかつての面影を残すものであった。

臨済宗妙心寺派両禅寺

遺族が判明した金文奉さんの骨箱

遺骨を受け取る金文奉さんの遺族

本教寺の遺骨

本籍が確認された李道教さんの遺骨

神岡鉱山に強制連行された金得中さん

今回、当時神岡鉱山に連行された金得中（キムドクチュン）さんも同行し、高山で当時の様子を証言してくださった。

次に訪ねたのが、曹洞宗洞雲禅寺。ここにも二体の朝鮮人の遺骨が納められている。そのうち李道教（イドギョ）さんの本籍が今回確認された。現在までに確認されている八一人の神岡鉱山関連の死亡者を追悼して、その氏名、死亡年月日が読み上げられる中、全員で八一本の花を奉げた。

高山にもどり、もう一ヶ所、本教寺を訪ねた。この寺のある地域は総連、民団の事務所もあるところだ。先々代の住職が朝鮮人に理解のあった方で、戦後に多くの遺骨を預かられたとのことだ。四六体の遺骨のうち高山市役所の調査により二六体の遺骨の本籍が確認されている。女性、子どもの遺骨も多い。なんらかの事情で遺骨がこのお寺に預けられたのである。

遺骨は単なる「もの」ではない。そこには、その人物の「すべて」が集約されている。いつ、どこで、どのように亡くなり、どうしてここにあるのかを明らかにして、遺族のものと届けられなくてはならないのである。

（『むくげ通信』２２４号、２００７・９）

篠山に在日朝鮮人の足跡を訪ねる

八月二二～二四日（二〇〇八年）、神戸で第二九回在日外国人教育研究集会が開かれた。そのフィールドワークプログラムの一つが「強制連行コース」で、テーマは篠山と神戸港だ。後半の神戸港は私がガイドで、篠山は兵庫朝鮮関係研究会の徐根植（ソグンシク）さん。

篠山は兵庫県の北東部、かの「デカンショ節」と黒豆で有名なところ。イノシシの「ぼたん鍋」も知られており、このあたりから全面禁猟になっている六甲山にイノシシがたくさん逃げてきた？　と言われている。

私の卒業した神戸大学農学部の前身・兵庫農大のあったところでもある。私は神戸大学農学部の四回生、神戸大学に移管されてから四年目の入学ということになる。

徐根植さんの奥さんの実家が篠山だったこともあり、徐さんは、早い時期から篠山の朝鮮人について調査をしている。篠山になぜ朝鮮人が住み着いたかを調べた結果として「珪石鉱山」に行き着いたという。珪石は、溶鉱炉などで使用する強化レンガにはなくてはならないものだ。

また？　黒鉛珪石は岩盤浴にいいというホームページもあった。『むくげ通信』２２１号（２００７・３）で小西和治さんが紹介している篠山市人権同和教育研究協議会編『デカンショのまちのアリラン』が今回のフィールドワークのきっかけとなっている。

ＪＲ篠山口で集合してバスで篠山に向かう。明治の初め、篠山のおえらいさんが篠山に鉄道を通すなんてとんでもないと反対したため、篠山には鉄道が通っていない。あとで非難轟々になったとか。

まずは、村雲駅。珪石搬出のための鉄道が篠山口まで引かれたが今は廃線となっている。村雲駅の駅舎はなくなっているが、駅の看板が残されている。今年一月、篠山市教育委員会などが建てた案内板には、「村雲駅では……珪石が溢れんばかりに積み込まれました。……敷設には多くの朝鮮人が従事したと伝えられています」とある。

村雲駅跡から東西を見ると線路跡が直線的な道路となっているのがよくわかる。

次に篠山市立畑小学校に向かった。ここには畑鉱山に関係する組合の石碑が保存されている。

そしていよいよ珪石鉱山の入口だ。入口は崩れているが、中から冷たい風が吹いてくる。ほんとに冷たい。真夏のフィールドワークにはほんとにありがたい

鉱山までの山道には立派な橋が架かっている。大きくはないが鉄製で、徐さんの話では重い珪石を運ぶために頑丈な橋を作ったとのことである。。

篠山には解放後、朝鮮人の民族学級があったが、その石碑が昨年一一月篠山小学校校内に建

1984年徐根植さん撮影。
当時はこのように残っていた。

村雲駅跡

線路跡は続くよ?どこまでも……

校庭の片隅にある珪石組合の石碑

「篠山小学校民族学級跡」石碑の前で

てられた。銘板には次のように書かれている。「一九五〇年一二月から一九八一年三月まで、篠山の在日コリアンの生徒たちのための民族学校『篠山小学校特設学級』がここに設置されていました。戦前・戦後の篠山では、鉱山を中心に多くの朝鮮人が働いていました。／中には強制連行で連れてこられた人もいました。／戦後、親たちが子どもたちのために国語（朝鮮語）講習所を市内に四ヶ所つくり、それらが統合され『紀上朝連初等教育学院』が設立されました。……／旧文部省の閉鎖令により、一九五〇年三月に篠山の朝鮮人学校は閉鎖されますが、兵庫県は篠山小学校に民族学級を設置し、民族講師一名を派遣して、在日コリアンの生徒たちに母国の言葉や地理、歴史などを教えることとしました」

（『むくげ通信』２３０号、２００８・９）

第七回強制動員真相究明全国研究集会
――「強制動員問題解決への道」＆京都フィールドワーク

今年（二〇一四年）は、三月一五日～一六日、立命館大学コリア研究センターと共催し同大学衣笠キャンパスで開催された。参加は一一〇名、とても内容の濃い集会だった。二日目には水野直樹さんの案内で京都市内の尹東柱詩碑等のフィールドワークを行なった。

プログラムは以下のとおり。

〈基調報告〉①韓国と日本の最高裁判所判決と法的責任　弁護士・山本晴太、②植民地支配責任と強制動員問題　同志社大学・板垣竜太

〈証言〉元不二越女子勤労挺身隊・崔姫順（チェヒスン）（一九三一年生まれ。一九四四年、小学校に来た日本人と校長から、不二越女子勤労挺身隊に勧誘される。強制労働で目を痛めたり、指を怪我したりしても、仕事を休ませてもらえなかった。仕事中に不二越社員に殴られ難聴になっている）

〈特別報告〉遺骨を家族のもとへ！「日本弁護士連合会の意見書を受けて戦没者収容に関する法律の制定を！」戦没者追悼と平和の会・塩川正隆

〈各地からの報告〉①東京大空襲と朝鮮人犠牲者　李一満（リイルマン）（東京朝鮮人強制連行真相調査団）、②

韓国での裁判の動きと日韓市民の取り組み　高橋信さん（強制連行裁判全国ネット）、③強制動員に関する大阪の現場から　ざざ丸会、④未払金問題「郵便貯金を中心に」　小林久公（強制動員真相究明ネット）、⑤「紀元二六〇〇年祝典」と朝鮮人建国奉仕隊について　川瀬俊治（奈良・発掘する会）、⑥「追悼碑を守る会、十年の活動と、これからの一〇年〜県立公園設置許可更新問題を通して〜」　藤井保仁（群馬県朝鮮人・韓国人強制連行犠牲者追悼碑を守る会事務局次長）

午後一時から五時半までの集会で、私は粛々と？　会を進める司会担当だった。当日配布の資料集には、口頭報告ではない以下の〈紙上レポート〉も収められている。①内務省警保局保安課・内鮮警察史料（『種村氏警察参考資料』）からみた労務動員数　竹内康人、②強制連行犠牲者の遺骨を遺族に届ける——遺骨奉還の経験と二〇一四年の課題—強制連行・強制労働犠牲者を考える北海道フォーラム・殿平善彦。

夜は、同大学生協食堂で懇親会が開かれた。全国集会では、懇親会も重要だ。遠距離恋愛が大変なように？　全国各地の仲間が直接顔をあわせて情報交換することは難しいことだが、そのためにも懇親会は大切なのである。集会準備も含めて懇親会では同大学の庵逧由香さんと学生のみなさんに大変お世話になった。感謝です。

報告内容をここで紹介するのは不可能で、ぜひとも資料集をご覧いただきたいと思うが、基調報告の一つ、山本弁護士の「韓国と日本の最高裁判所判決と法的責任」についてその一部をご紹介したい。

私は、戦後補償問題が大きく社会問題となっていた一九九一年、日本政府の請求権問題についての答弁を聞いて本当に驚いた。一九九一・八・二七参議院予算委員会のことで、議事録には次のようにある（インターネットでの検索ができるようになって本当に便利だ……。上記の日付と「日韓両国」を入れればすぐ出てくる）。

「○政府委員（柳井俊二君）　ただいまアジア局長から御答弁申し上げたことに尽きると思いますけれども、あえて私の方から若干補足させていただきますと、先生御承知のとおり、いわゆる日韓請求権協定におきまして両国間の請求権の問題は最終かつ完全に解決したわけでございます。／その意味するところでございますが、日韓両国間において存在しておりましたそれぞれの国民の請求権を含めて解決したということでございますけれども、これは日韓両国が国家として持っております外交保護権を相互に放棄したということでございます。したがいまして、いわゆる個人の請求権そのものを国内法的な意味で消滅させたというものではございません。日韓両国間で政府としてこれを外交保護権の行使として取り上げることはできない、こういう意味でございます」

この答弁は、日本政府がシベリア抑留問題について、日ソ共同宣言で放棄したのは日本政府の当時のソ連政府への請求権であって、日本人本人が（もちろん抑留された朝鮮人、台湾人もいる）ソ連政府への請求権は残っているという見解を朝鮮人の場合に当てはめたものだ。

このような答弁があり、その後、国会でこの見解を訂正したということも聞いていないのに、日本での戦後補償裁判でこの答弁がなかったかのように「日韓条約で解決済み」なのかと疑問に思っていた。

日韓請求権協定をめぐる日韓政府解釈の相違①
（日本軍「慰安婦」問題、大法院判決の立場による強制動員問題）

	日本政府	韓国政府
被害者の実体的権利	○	○
外交保護権	×	○
裁判上の訴求権能	×	○

日韓請求権協定をめぐる日韓政府解釈の相違②
（大法院判決「予備的理由」の立場による強制動員問題）

	日本政府	韓国政府
被害者の実体的権利	○	○
外交保護権	×	×
裁判上の訴求権能	×	○

今回の山本弁護士の報告によると、日本政府は二〇〇〇年ごろ、それまで認めていた「被害者の実体的権利」「裁判上の訴求権能」を否定したのだという。逆に同時期に韓国政府はこれまで認めていなかったこの二つを認める立場に変わったということだ。

山本弁護士は、「日韓両国政府の日韓請求権協定解釈は著しく変遷してきた。日本政府のそれは、日本国民の補償請求を懸念する時期は「外交保護権放棄論」、外国の被害者からの賠償請求を受けてから一〇年間の逡巡期間を経て「権利消滅論」又は「裁判による訴求権能消滅論」へと一八〇度転換したものであり、日本政府の責任を回避するための意図的な変遷であった。／韓国政府は軍事政権から金泳三政権までは日本政府と被害者に挟まれながら動揺し、その後徐々に被害者の声に押されて被害者の権利を拡大する方向に変遷してきたということができる」としている。

そして、「日韓両国政府の日韓請求権協定解釈の対立は、実は一般に言われているほど大きなものではなく、日本で繰り返される日韓請求権協定による解決済論は法的にはほとんど意味のない一種の「風評」又は「言い逃れ」に過ぎないことが明らかになる。このような議論に惑わされることなく（惑わすことなく）、被害の事実の向き合い、被害の回復（謝罪と賠償）の具体的方法を議論すべきである」と結論づけている。

中国人強制連行裁判後に西松組が和解に応じたことは知られている（私も株主総会で原告の意見をのべるようにと市民株主の一人となって株を買って損をしたが、ちょうど小沢の西松献金問題が起こって急転直下解決した？・？・）。そして今、中国国内で裁判が提起され韓国大法院で原告勝訴の判決が出されたように中国での裁判の行方も注目されている。

ドイツの戦後補償の方法に学びつつ、改めて今回の研究集会のテーマである「強制動員問題解決への道」を求めていきたい。

フィールドワークは、京都洛北。午前九時半に叡山電鉄「出町柳駅」改札に、五〇名が集まった。電車にも乗ったがよく歩いたフィールドワークだった。上高野の三宅八幡神社の「韓国合併奉告祭碑」、八瀬の叡山ケーブル工事跡、田中の京都造形芸術大高原校舎前の詩人尹東柱(ユンドンジュン)の碑、田中玄京町の卓庚鉉(タクキョンヒョン)(特攻隊員・沖縄で戦死)の居住地跡などを見学した。田中朝鮮人集住地域をそれぞれに歩き、養生小学校前の公園では朝鮮人研究者から地域の歴史の話をうかがった。そして、百万遍の韓国料理店での昼食会ですべて終了となった。ご案内いただいた水野直樹さん、ありがとうございました。

(『むくげ通信』263号、2014・3)

強制動員真相究明ネットワーク・宇部集会&長生炭鉱フィールドワーク

三月二一日（二〇一五年）、第八回の強制動員真相究明ネットワーク全国研究集会が宇部市で開かれた。参加者は一〇〇名だった。ネットワークは、二〇〇五年七月に韓国の日帝強占下強制動員被害真相究明委員会（当時）の発足を受けて日本の市民グループが立ち上げたものだ。韓国が政府の委員会を立ち上げたので日本政府もそのようにすべきであったが、その動きがみられない中で市民サイドで立ち上げたのである。共同代表は、内海愛子さん、上杉聡さんと私の三名である。

毎年三月に研究集会を開いている。二〇一二年、一三年は東京大学で、二〇一四年は立命館大学で、今年は長生炭鉱の「水非常を歴史に刻む会」が受け入れ団体となって宇部市でネットワークと共催での開催された。会場は山口県宇部市文化会館、同会が二〇一一年九月二五日、ここで加藤登紀子さんを招いてチャリティーコンサートを開いたとき私も連れ合いと参加した。山口県周防大島におられる学生センターの前理事長・辻建牧師訪問も兼ねてやってきたのである。

今回の集会テーマは、「強制連行問題をどう終わらせるか」。集会では以下のような報告が行なわれた。

（1） 現地報告　小畑太作さん（長生炭鉱の水非常を歴史に刻む会事務局長）

（2） 遺骨問題についての報告　具志堅隆松さん（沖縄戦遺骨収集ボランティア「ガマフヤー」代表）

（3） 地域と強制連行の掘り起し——報告と質疑

①山口地域　鄭祐宗（チョンウジョン）さん（大谷大学）

②九州地域　広瀬貞三さん（福岡大学）

③広島地域　内海隆男さん（広島の強制連行を調査する会）

（4）「強制連行無かった論」を考える——報告と質疑

①外村大さん（東京大学）

②渡辺美奈さん（アクティブ・ミュージアム 女たちの戦争と平和資料館（ｗａｍ）事務局長）

③高野眞幸さん（奈良県での朝鮮人強制 連行等に関わる資料を発掘する会）

当日、（1） 宇部炭田での朝鮮人強制連行・竹内康人、（2） 強制動員現存企業（日本地域）・韓国強制動員被害調査・支援委員会、（3） 強制連行等追悼碑・慰霊碑・記念碑・説明版リスト（最終版・須磨明）も含めた資料集が作られた。

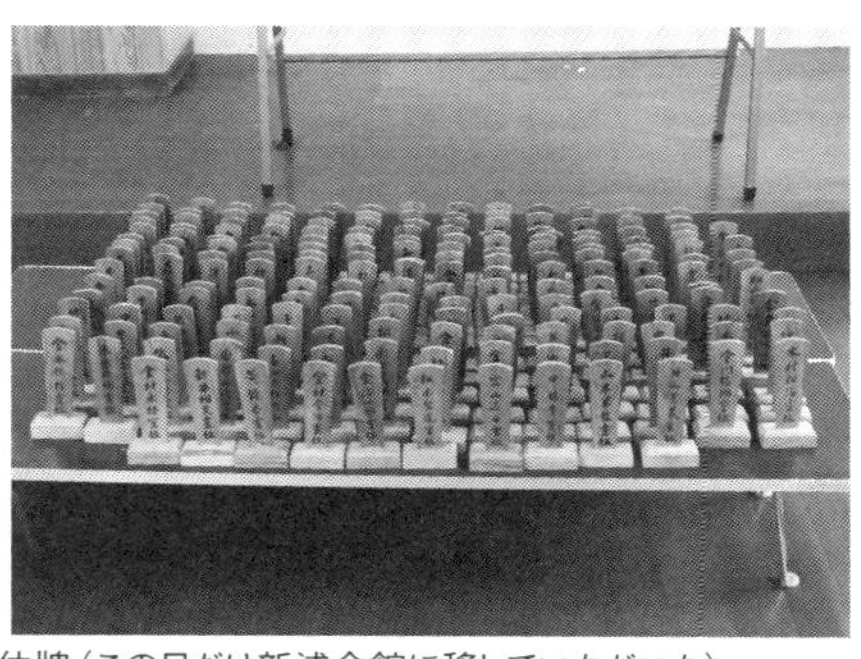

証言する全錫虎さん／西光寺にある位牌（この日だけ新浦会館に移していただいた）

翌日はフィールドワークで、朝八時半にＪＲ宇部線宇部新川駅を出発した。大型貸し切りバス満員の参加者だ。刻む会の内岡貞雄さんの説明を聞きながら長生炭鉱跡の西岐波海岸に向かった。最初に二〇一三年二月二日に除幕した追悼碑を訪ねた。土地も刻む会が購入して建立した立派なモニュメントだ。一八三名の犠牲者（内朝鮮人一三七名）の名前が書かれた木版がはめ込まれている。熱心な調査が進められているが、まだ創氏名（日本名）しか分からない方がおられるからである。本名が判明すれば書きかえられることになっている。

その後、新浦会館に会場を移して韓国大邱からお招きした全聖道（チョンソンド）さんの遺族・全錫虎（チョンソクホ）さんのお話をうかがった。全聖道さんの遺骨はまだ海底炭鉱に残されている。一九三二年一月生まれの全錫虎さんは事故当時小学校五年生で宇部に家族とともに生活していた。事故の日には学校の運動場からクジラが潮を吹くように海水が上がったのを見ている。事故後、補償もなく社宅も追い出され大変な生活をされたようだ。

追悼碑から長生炭鉱関連施設跡を順次フィールドワークした。選炭場、宿舎、火葬場、巻上機、倉庫、事務所、坑口などなど。いずれも当時のものはほとんど無くなっているが、刻む会は調査によりほぼその場所を突き止め当時の配置図をつくっている。

最後に二本の「ピーア」（排気・排水筒）が海上に見える海岸に着いた。手前のピーアまで海岸から一〇〇メートル、更に二本目のピーアまで一九五メートルある。海底炭鉱は更に一キロ以上先まで続いている。事故は沖合一キロ付近で起こったが、事故で亡くなった一八三名の遺体は現在も回収されないでその海底に眠っているのである。

刻む会は一九九二年以来、毎年、事故の日にあわせて、韓国から遺族を招いて追悼集会を開いている。慰霊碑の建立を実現したのちも、海底坑道に放置されたままの遺体を回収することを目指して活動を継続している。遺族招請等活動のための寄附金も募集している。ご協力をお願いしたい。会の連絡先は、７５５‐００３１山口県宇部市常盤町１‐１‐９緑橋教会内　ＦＡＸ０８３６‐２１‐８００３

（『むくげ通信』２６９号、２０１５・３・29）

戦後六四年後の奇跡のような朝鮮人死亡者名判明
――筑豊朝鮮人強制連行フィールドワークより

『むくげ通信』263号で強制動員真相究明ネットワークの集会（2014・3・15～16、立命館大学）のことを書いた。そのネットワークの前事務局長・福留範昭さんは、福岡の方で、二〇一〇年五月に亡くなられたが、彼を偲ぶ会と筑豊フィールドワークが五月一七日、一八日、同ネットワークにより開催された。フィールドワークが土日、偲ぶ会が土曜日の夜だった。当初、土曜日のフィールドワークは、住友忠隈鉱、三菱飯塚鉱朝鮮人寮、麻生吉隈鉱、明治平山鉱の予定だったが、韓国から参加の崔洛勲（チェナックン）さん（七三歳）の父が貝島炭鉱で働いていたことが直前に判明して同鉱山を訪ねることになった。崔さんは二〇〇六年に学生センターでも証言集会を開いたことがあるが、一九四二年春ごろに日本に強制連行され、その後の消息となっている父の消息を探していたのである。戦時中に父から家族に送られた写真に一緒に写っていた人が貝島炭鉱にいたことが分かり、それを手掛かりに支援グループが同炭鉱の年金記録を調査して一九四二年五月～四三年四月、父親が同炭鉱で働いていたことが判明したのである。

日曜日のフィールドワークは、博多駅出発の同じく筑豊コースだ。豊州炭鉱、古河大峰炭鉱、真岡三坑慰霊碑を訪ねた。今回の案内は二日とも筑豊の朝鮮人強制連行を長年調査している元高校教師・横川輝雄さんだ。内容のぎっしりつまったA4、三二枚の資料が準備されていた。表題の「奇跡のような死亡者名判明」とは、最後に訪問した「真岡三坑慰霊碑」に氏名不詳とされていた朝鮮人労働者の名前が二〇〇九年一月に判明したのである。

最初にたずねた豊州炭鉱には、唯一（？）坑口が残されている。住宅街にあるがそれらの住宅は炭鉱閉鎖後に建てられたものだ。斜坑となっていて歩くのが怖いほどの傾斜だが、七〇メートルほどは入ることができるというが、私たちは懐中電灯をたよりに一〇メートルほどだけ入った。電灯

豊州炭鉱の残された坑口と横川輝雄さん

元朝鮮人宿舎

病医院跡

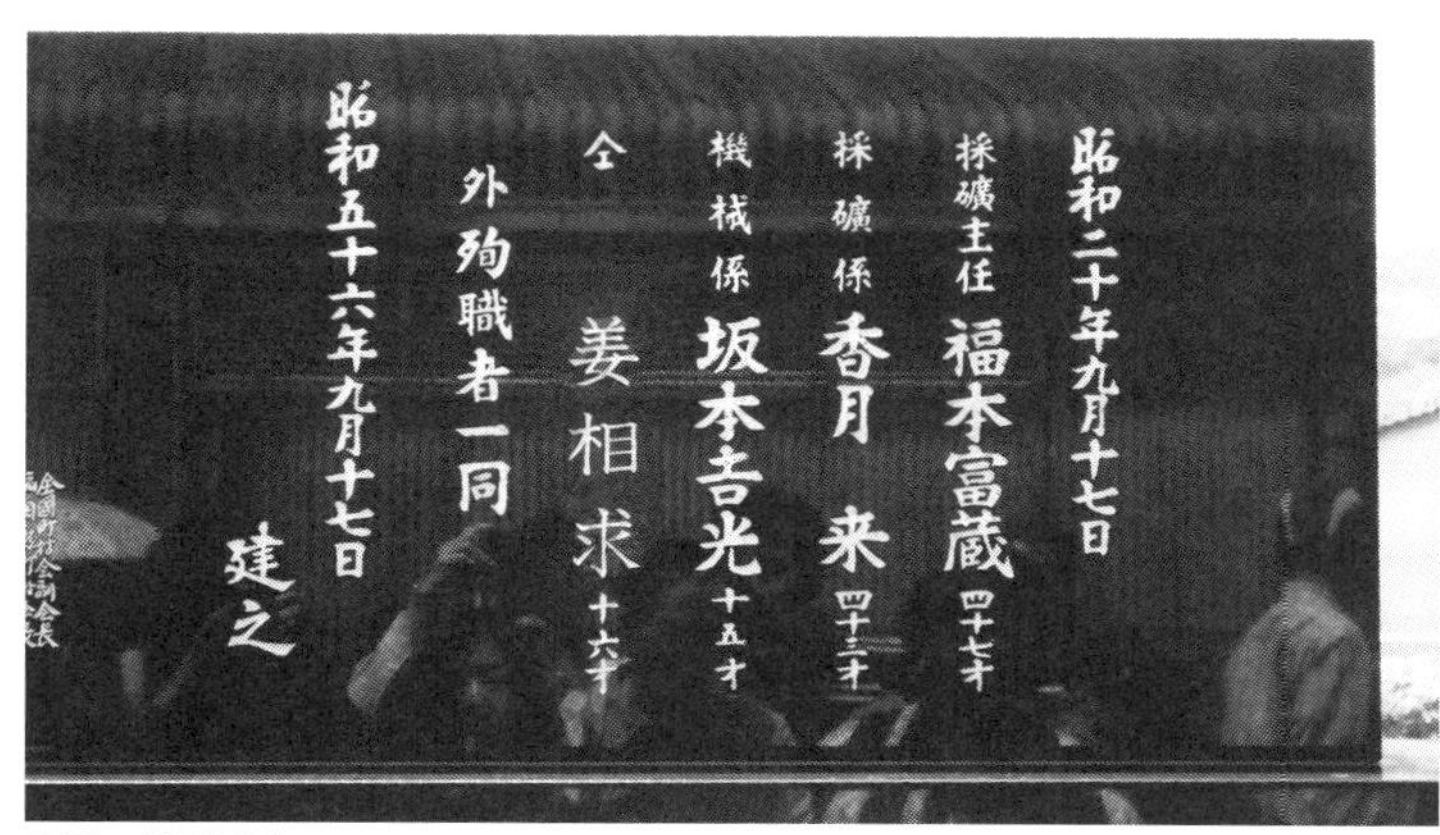

真岡三抗慰霊碑

石碑前面

田中正芳さん

を消すと恐ろしい空間で、ここで過酷な労働を強いられた朝鮮人のことに思いをめぐらした。

古河大峰炭鉱は閉鎖されているが大規模な炭鉱の様子が分かるところだ。当時の朝鮮人宿舎には別の建物が建っているが、そこで朝鮮人に対して凄惨なリンチが行なわれたことが知られている。病院跡も残されている。

上が、真岡三坑慰霊碑で、亡くなられた方のお名前が書かれている。四人目の「姜相求」の文字が他の文字と違っているのがお分かりになるだろうか。一九八一年(昭和五六)九月一七日に地元の方々の努力によってこの慰霊碑がつくられたが、その時、機械係の氏名不詳朝鮮人についてはそのまま不詳という文字が刻まれたのである。年齢は当時一六歳、地元の人々は建立後もこの氏名不詳の朝鮮人のことを気にかけていたのだ。この事故は、一九四五年九月一七日、敗戦の一ヶ月後に起こっている。

それが、本当に奇跡のように二〇〇九年に判明したのだ。碑の裏にその経緯が刻まれている。

命・愛・人権

「真岡炭鉱第三坑殉職者慰霊之碑」について

この碑に刻まれている「昭和二十(一九四五)年九月十七日」は、真岡三坑の事故の日で、当日は枕崎台風の嵐の中を、停電になったので、坑内のスイッチを切るために、勇気をもって、若年ながら無人の坑内に入った韓国人少年が昇坑しないので、心配した同年輩の日本人少年が救助に入坑しましたが、昇坑せず、ついには上司の二人の日本人が相次いで入坑しましたが、また昇坑しませんでした。自分の命も顧みない尊い行動でした。そこで、地元部落の人たちが総力をあげて救助活動をしましたが及びませんでした。終戦の混乱の時代に尊いものでした。

ボタ山の処理も終わり、三坑の記憶がなくなるのを心配して、地元地区有志の人々は前記の事故を主として刻んだ慰霊碑を「昭和五十六（一九八一）年九月十七日」に建立しましたが、韓国人少年のお名前がどうしてもわからず「不詳」と刻みました。しかし、その人々はその後もこの少年のお名前を探し続け、ついに今年一月に韓国政府の委員会の協力も得て、「徴用」で強制連行された少年の本名をつきとめ、「姜相求（カンサング）」さんと刻銘しました。事故から六十四年目、この日を建立してからでも二十八年目のことでした。

同情や哀れみでなく、あるがままに対等に向かい合ってきた人たちに「命・愛・人権」の尊さを切に感じ、多くの方々のご支援により献花式を行ないます。

二〇〇九年九月十七日

真岡三坑事故韓国人少年名刻銘献花式

遺族招へい実行委員会（糸田町隣保館内）

慰霊碑に　韓国名や　島帰る（島本流花）

文章もとてもいい。碑建立の中心になられたのは、当時町会議員の田中正芳さんでのちに町長になられている。四名の死亡者のうちの一人坂本吉光さん（当時一五歳）の同僚だった。末期がんで先日まで抗がん剤治療をしていたとのことだが、出迎えてくださりお話を聞かせていただいた。「不詳」の朝鮮人を探すのに努力されたお話が心にしみた。二〇〇八年一二月、地域の隣保館の人権講座で講師をつとめた横川さんに不詳朝鮮人のことを伝えた。横川さんは、厚生省名簿（一九四六年）に「徳山相求」の名前を発見した。横川さんが強制動員真相究明ネットワークの福留範昭さんにつなぎ、福留さんが「韓国の対日抗争期強制動員被害調査及び国外強制動員犠牲者等支援委員会」につなぎ、お名前が判明したのである。田中さんらの民族を越えた朝鮮人少年への友情が六四年後に「奇跡」を生んだのだと思う。充実のフィールドワークだった。

（『むくげ通信』２６４号２０１４・５）

名古屋強制動員真相究明集会&フィールドワーク

三月五日（二〇一六年）、「朝鮮人強制労働と世界遺産問題」をテーマとする第九回強制動員真相究明全国研究集会が愛知労働会館・東館で開かれた。

強制動員真相究明ネットワークは、朝鮮人強制労働被害者補償立法をめざす日韓共同行動とともに、昨年（二〇一五年）六月一一日、「「明治日本の産業革命遺産」の世界遺産登録問題についての声明」を発表している。

日本政府が推薦している「明治日本の産業革命遺産」一三資産の世界遺産への登録について、六月二八日からユネスコ世界遺産委員会での審議が行なわれる予定である。報道で伝えられているように韓国、中国政府からは、その中に戦時期に日本政府が植民地・占領地から連行した人びとの強制連行・強制労働の現場を含むことから、登録反対、あるいは、その事実を明示すべきこととの意見表明がなされている。／朝鮮人強制連行・強制労働の真相究明に取り組んできた立場から、以下の見解を明らかにする。

1、日本政府は過去に誠実に向き合い、戦時期の強制連行・強制労働についての認識を明確にすべきである。（略）

2、日本政府は、時期区分、登録対象を見直し、強制連行・強制労働の歴史をふまえて申請すべきである。（略）
3、世界遺産の登録ではユネスコの理念である平和や人権をふまえるべきである。（略）

今回の明治産業革命遺産の登録申請問題には、以上のような問題点がある。「一九一〇年以前の日本の産業化」のみが評価され、被害国の指摘に耳を閉ざしたままで登録がなされてはならない。ユネスコの世界遺産登録においては、このような問題点を克服すべきである。

この声明文でも参考資料として、朝鮮人・中国人・連合軍俘虜の強制労働の実態に関する表をあげたが、今回の研究集会では更にこの問題を掘り下げた。

また、名古屋では名古屋三菱・女子勤労挺身隊訴訟を支援する会が地道な活動を続けており、特別報告として会の小出裕さんからの報告があった。

発表内容は以下の通りである。

〈特別報告〉

1）「朝鮮女子勤労挺身隊調査（追悼記念碑～九九円、一九九円問題まで）を通じて『解決済み論』の誤りを糺す」小出裕さん（名古屋三菱・女子勤労挺身隊訴訟を支援する会事務局

総務）

2)「地方儒生の日記から見た強制動員の実態」金敏喆（キムミンチョル）さん（韓国民族問題研究所責任研究員）

〈各地域の報告〉

1)三菱重工業・三菱鉱業と強制労働―長崎の産業革命遺産を中心に　竹内康人さん（強制動員真相究明ネットワーク会員）

2)三菱重工長崎造船所強制動員被害者の被爆者手帳認定について　河井章子さん（韓国の原爆被害者を救援する市民の会）

3)戦時下の三井三池炭鉱と外国人労働者　廣瀬貞三さん（福岡大学）

4)観光スポット、歪められた教育資料として宣伝される「明治日本の産業革命遺産」八幡製鉄所　兼崎暉さん（八幡製鉄所の元徴用工問題を追求する会）

5)釜石と歴史の継承―世界遺産登録問題から考える　山本直好さん（日本製鉄元徴用工裁判を支援する会）

資料集には、竹内康人さんによる「強制動員に関する史料の紹介」、フィールドワークの資料も掲載されている。

三菱重工殉職碑

東南海地震犠牲者追悼記念碑

二日目（三月六日）はフィールドワークだ。大型チャーターバスは満員で補助席も利用した。案内は、名古屋三菱・女子勤労挺身隊訴訟を支援する会の小出裕さんと高橋信さん。

支援する会は、太平洋戦争末期、三菱重工名古屋航空機製作所道徳工場に、ウソと甘い言葉と脅迫で朝鮮半島から連行され、年少で、強制労働させられた元朝鮮女子勤労挺身隊の韓国人関係者が、日本国と三菱重工に謝罪と補償を求めている訴訟を支援している。

フィールドワークでは、勤労挺身隊宿舎跡、追悼記念碑、三菱重工殉職碑などを回った。

最初に訪ねたのは、市民グループにより建てられた石碑だ。名南ふれあい病院の敷地内に、病院の好意により建てられている。説明しているのは高橋信さんだ。最後に六名の朝鮮人の名前が刻まれているが、当初三菱が隠していたが、支援する会が調査した事実を突き付けて三菱に認めさせたのだ。最初には日

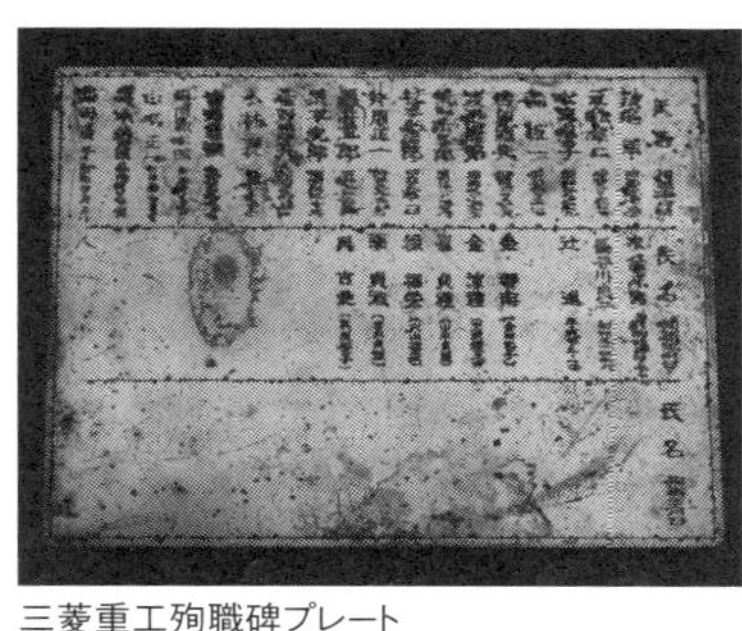
三菱重工殉職碑プレート

本名しか分からなかったが、韓国での調査等により本名が明らかになった。一名だけ石碑建立の段階で本名が不明だったが、ドラマのような展開があり、本名が判明して石碑も訂正したとのことだ。

石碑からは、昔の工場跡を見ることができる。空襲で多くの方々が犠牲になったが、亡くなった朝鮮人が工場の塀を乗り越えて逃げようとしたが亡くなった現場もすぐ近くにある。

つぎに会社側の「殉職碑」を訪問した。普段は入れない所だが、支援する会と三菱との長年の交渉の中で、フィールドワークで訪問する時には門が開けられ、犠牲者の名前が刻まれた銅板の入ったケースも鍵もあけられている。

銅板の最後の一枚が右のものだ。日本人、台湾人の犠牲者の名前は刻まれていたのに朝鮮人犠牲者の名前だけが刻まれていなかったものだ。その後、このように刻まれている。

当日配布された資料の中に一枚の写真があった。「帰国を喜ぶ少女たち」、「戦争遂行のため強制的に日本に徴用されていた八歳から一四歳までの全羅北道女子勤労挺身隊の帰還前の記念写真、一〇月一九日」とある（木村秀明編『進駐軍が写したフクオカ戦後写真集』、1983・4、西図協出版）。素晴らしい笑顔だが、その表情から私たちは多くのことを学ばなければならないと思う。

（『むくげ通信』275号、2016・3）

第一〇回強制動員真相究明全国研究集会――松本

三月二五〜二六日（二〇一七年）、第一〇回強制動員真相究明全国研究集会が、長野県松本市で開かれた。主催は、強制動員真相究明ネットワーク（共同代表：庵逧由香、飛田雄一）、長野県強制労働調査ネットワーク、松本強制労働調査団。テーマは、「強制連行・強制労働をどう伝えるか？」。会場は、文化財にも指定された木造のすてきな「あがたの森文化会館講堂」である。

以下、報告を列挙する。いずれも内容の濃いものだった。

第1部　基調講演「強制連行問題と朝鮮植民地支配」水野直樹

特別報告「長野県へ来た農耕勤務隊〜強制動員された朝鮮半島出身の「日本兵」」原英章

特別報告「アジア太平洋戦争期朝鮮人女性労務動員現況」鄭恵瓊

第2部「強制連行をどう伝えるか？」基調報告　庵逧由香

「奈良県天理・柳本飛行場跡の歴史を伝えるために」――資料発掘、証言者発見をどう進め、書籍化はどうした方法で実現したのか（高野眞幸）／運動の軌跡・日韓市民共同の営みの動き（川瀬俊治）／「松本市による「松本市における戦時下軍事工場の外国人労働実態調査報告書」の編纂・発行の経緯について」（小松芳郎）／「強制連行を次世代に伝えていくために——滋賀県から」（河かおる）／「教材・植民地支配と強制労働」（竹内康人）

第3部「明治産業革命遺産と強制労働」／問題提起　外村大

「釜石と戦争の継承—艦砲戦災・強制動員」山本直好／「八幡製鉄所における強制連行・強制労働について」中田光信

他に資料集には、以下の紙上報告等が掲載されている。

「朝鮮人の証言から見る三井・三池炭鉱」（広瀬貞三）／「北海道から韓国へ遺骨返還の旅」（木村嘉代子）／「軍艦島」（端島）の世界文化遺産登録問題をめぐる最近の動向（柴田利明）／三菱重工業長崎造船所　強制動員被害者の被爆者手帳裁判始まる（河井章子）／〈資料〉「明治産業革命遺産と強制労働」（竹内康人）／「史料・証言　明治産業革命遺産での強制労働」（竹内康人）／「世界遺産についての第1次、第2次声明」／松本市長からのメッセージ／フィールドワーク案内「里山辺：地下工場建設跡を訪ねて」

二日目はフィールドワークだ。松本市内の里山辺地下工場跡を訪ねた。ここには、一九八〇年代に兵庫朝鮮関係研究会の故鄭鴻永（チョンホンヨン）さんと訪ねたことがある。入口付近にはアルミニュームのリサイクル施設があったが、許可を得て崖をはい上がって中に入った。体重のある鄭鴻永さんが軽やかに崖を登り驚いたことを覚えている。当時キノコ栽培をしていたような記憶もある。

ここは三菱重工業航空機製作所（名古屋）の疎開工場として作られたものだ（以下すべて当日配布の資料による）。この地域の地下・半地下工場でゼロ戦の後継機といわれた「烈風」などの部品製作と機体の組み立てが計画されていた。

貸切バスと自家用車をつらねてフィールドワークが始まった。四五人乗りのバスは満席で補助いすも使用されていた。バスの中での解説も分かりやすく適切なものであった。到着後、三班に分かれて地下工場跡に入った。

資料によると次頁下の図のような構造になっている。入口付近に信州大学の宇宙線研究施設が設置されていたことがあり、逆にその骨組みのおかげで入口が崩れずに保存されているとのことだ。それぞれの班は、それぞれに時間をかけて説明を聞きながら見学した。中で当時をしのんで懐中電灯を消した。当然のことだが明かりがすべてなくなると目の前一センチに手を近づけてもその手が見えない。

以下のような証言が残されている。

地下工場跡の入り口

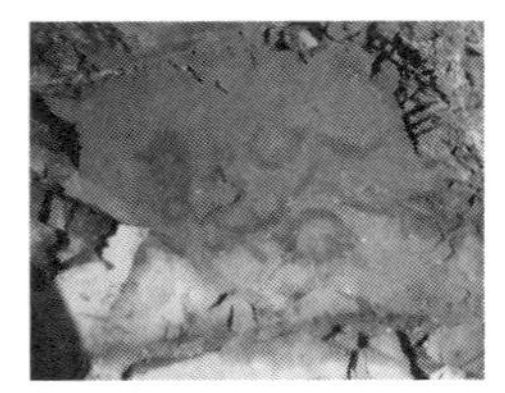

「熊谷」の名前がみえる

トロッコのレールも残っていた

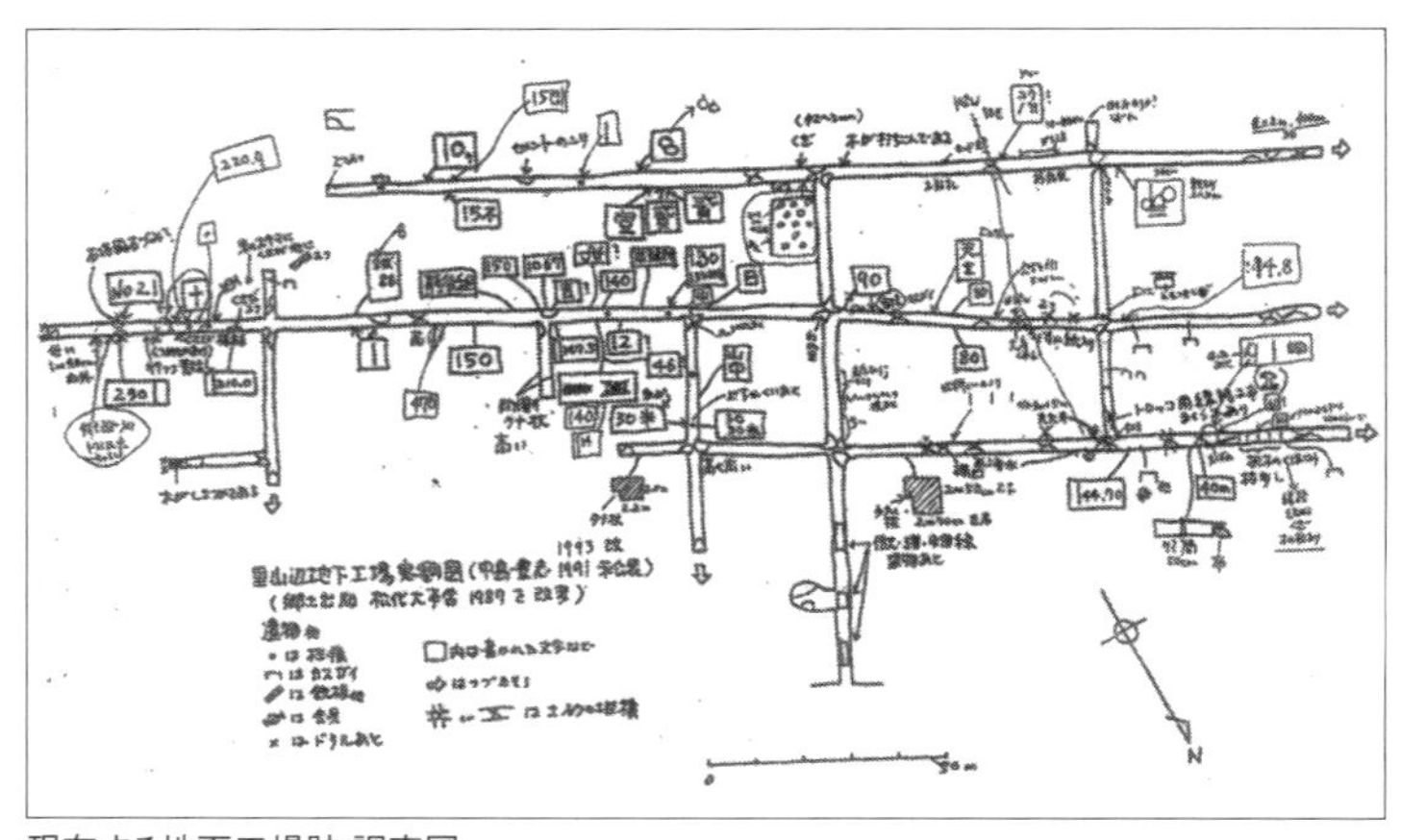

現存する地下工場跡:調査図

「なにせ、岩山で、かたいこと、かたいこと。まず、ハッパで穴の奥をくずしてから掘りすすんだんですが、かみそりのようになった石を踏んでするので、地下たびはすぐに切れ、ワラぞうりは、半日ともたなんだですね。穴に入るとき、二足ぞうりを腰にぶらさげてはいるんだけれど、みんな切れちゃう。ぞうりつくりをおそわって、じぶんでつくったんだが、おいつかず、ハダシが多くて、足からいつも血が出ていました」(一九一〇年生まれ、K・Iさん)

当時の里山辺村村長の記録によると七千人にのぼる朝鮮人が建設工事に従事させられていたという。付近の中山地区には五〇三人の中国人が労働させられており、その名簿が残っている。現地の調査グループは朝鮮人・中国人の調査を引き続き行なっている。

(『むくげ通信』282号、2017・5)

三月の沖縄は、あつかった!

――第一一回強制動員真相究明全国研究集会などなど

三月一七日(二〇一八年)、午後一時から六時まで「第一一回強制動員真相究明全国研究集会・沖縄」。会場は、沖縄大学同窓会館。主催は、強制動員真相究明ネットワークと沖縄恨之碑の会、協賛が、沖縄・韓国民衆連帯、沖縄戦遺骨収集ボランティア「ガマフヤー」、沖縄平和ネットワーク、基地・軍隊を許さない行動する女たちの会、平和ガイドの会だ。

内容は充実していた。講演/報告は以下のとおり。

〈基調講演①〉「天皇制を守る戦闘だった沖縄戦」沖縄国際大学名誉教授 石原昌家/〈基調講演②〉「軍人・軍属の動員の実態とその被害」在日朝鮮人運動史研究会 塚崎昌之

〈沖縄からの報告〉「沖縄戦で軍人軍属に動員された朝鮮の若者」沖縄恨之碑の会 沖本富貴子/「なぜ沖縄にこれほどの「慰安所」ができたのか?」基地・軍隊を許さない行動する女たちの会 高里鈴代/「沖縄戦における戦争犠牲者の遺骨収集について」ガマフヤー 具志堅隆松

〈地域からの報告〉「朝鮮料理店・産業「慰安所」と朝鮮の女性たち~埋もれた記憶に光を」を開催して」高麗博物館朝鮮女性史研究会 渡辺素子/「明治日本の産業革命遺産と強制労働」

三池・高島など九州の炭坑への朝鮮人動員数―石炭統制会福岡支部管内炭礦現況調査票から」強制動員真相究明ネットワーク 竹内康人〈他に〈紙上報告〉「「法的解決済み」論の構造と日本の過去清算」強制動員真相究明ネットワーク 小林久公〉

講演／報告はいずれも内容の濃いもので、それぞれにタイムキーパーと格闘しながらの報告だった。

夜は懇親会。八〇名の参加があり、海勢頭豊さん、知花昌一さんの歌、金城実さんのゲタ踊りもあり、おおいに盛り上がった。

翌一八日（日）は、フィールドワークだ。バス一台をチャーターした。補助席まで満席の五八名、あと数名が自家用車で追いかけた。南部マラソン大会と重なっていたが、訪問順序変更などによって交通渋滞をクリアーし、その日の飛行機便の人は那覇空港で、その他の人は沖縄県庁前で解散となった。

山城地区では、具志堅隆松さんの案内でフィールドワークした。ここは朝鮮人軍属部隊である「水勤一〇二中隊」が斬り込み攻撃に動員され全滅したところだ。

次に訪ねた米須地区は写真家の大城弘明さんが案内してくださった。自然壕のアガリンガマとウムニーガマがある。そこに住民の避難壕だったが米軍に追われた日本軍が入ってきた。米軍の投降呼びかけに日本軍は応じず住民の投降も許さなかったので、ガソリンやガス弾が投げ

米須地区の忠霊の塔
犠牲者の名前が刻まれている

同地区の祠
一家全滅となり祠だけが残っている

韓国人慰霊の塔

平和の礎

沖縄、金城実神戸電鉄モニュメント

込まれ全員が死亡した。アガリンガマでは五〇家族一五九名、ウムリーバマでは二八家族七一名が犠牲になった。逆に別のガマでは日本軍が来なかったので住民が助かったガマ（同じ糸満市潮平権現壕）もあったという。大城さんは地域の住民を調査し、詳細な犠牲者地図を作っている。その地図に感銘をうけた。

大度海岸には日本軍や住民が隠れたガマがそのまま残っている。とてもきれいな海岸で、リーフ、イノー（サンゴ礁に囲まれた浅いおだやかな海）、礁池（潮が引いたときにできる池）がある。礁池でたくさんの熱帯魚をみてみんな興奮した。

そのほか、韓国人慰霊の塔、平和の礎（いしじ）を訪問した。平和の礎では、朝鮮人、韓国人の刻銘について現地平和ガイドによる詳細な説明があった。新しい研究により判明した事実も教えてくださった。

一九日（月）は、公式フィールドワーク②「辺野古座込み連帯行動」だ。が、私は、オプションの読谷ツアーにでかけた。メンバーは三名、それに平和ガイド二名と特別ガイド知花昌一さんと金城実さんがつくという豪華ツアーだった。金城さんのアトリエでは、金城さん制作の「神戸電鉄・朝鮮人労働者の像」の本物と対面した。さらに翌二〇日、国際市場をうろうろして神戸空港にもどったのでありました。充実の沖縄六日間でした。

（『むくげ通信』２８７号、２０１８・３）

「明治産業革命遺産」と強制労働——長崎集会

「『明治産業革命遺産』と強制労働」をテーマに長崎で集会が開かれた。二〇一八年六月二三日、会場は長崎県勤労福祉会館、主催は強制動員真相究明ネットワーク（共同代表、庵逧由香、飛田雄一）、翌二四日にはフィールドワークも行われた。

講演は、①「「私たち」の歴史と明治産業遺産」（外村大）、②「明治日本の産業革命遺産と強制労働——一〇の視点」（竹内康人）のふたつ。

「各地域・現場における強制労働の実態」のテーマのもと、以下四本の報告があった。①平野伸人「戦時下長崎における中国人・POW強制労働」、②新海智広「長崎の朝鮮人強制労働」、③城野俊行「三井三池関連からの報告」、④兼崎暉・裵東録「八幡製鉄所と強制労働」。

講演、報告の詳細は資料集を参照していただきたい。真相究明ネットのホームページhttp://ksyc.jp/sinsou-netからダウンロードすることができる（印刷版が必要な方は、郵便振替〈００９３０-９-２９７１８２　真相究明ネット〉に六〇〇円を送金。送料真相究明ネット負担で送付）。

私は、前々日の六月二一日に長崎に入った。神戸空港からスカイマーク便だ。早割でなんと往復九二〇〇円。私は最近にわか「鉄ちゃん」となり青春一八切符やジパングクラブを多用しているが、これではＪＲは太刀打ちできない。神戸空港建設に反対していたが、最近よく利用している……。

中華街湊公園、日本将棋をしていた／眼鏡橋

初日は、長崎新地中華街、高麗橋、眼鏡橋などを歩いて回った。この中華街、「新中華街」と勝手に思い込み、「旧中華街」を探したがなかった。「新地」にある中華街のことだったのである。ホテルの人に変な質問をしてしまった。徒歩での観光は、距離感が徒歩的で（？）とてもいい。一部、市電を利用した。神戸に市電があったころ、市電が好きだった。「花電車」もあったし、私はしなかったが……、五寸くぎを市電に引かせて一部を平らにし、南京錠の合鍵を作ったりした友人もいた。広島で元神戸市電をみて感激したこともあった。

翌二二日は、レンタサイクルで走った。サイクリストの私も電動自転車だ。レンタサイクル屋さんが、「自転車は原則車道通行ですが長崎で車道を走ると事故ばっかりとなります」とのこと、忠告にしたがって歩道を走った。まずは平和公園に向かった。が、日差しを避けて川沿いの車の少なそうな道を走ったら平和公園をやり過ごしてしまい、市電の終点「赤迫」まで行ってしまった。

引き返し、平和公園、浦上天主堂、永井隆記念館、原爆資料館などなど。平和公園は集会後のフィールドワークで回るので少しだけ回った。高校の修学旅行で来たときガイドさんが「平和像が男でも女でもない」と説明したので、我々男子クラスの面々がそれはないだろうとガイドさんをいじめたりしたような記憶もある。

あまりにも暑いので大型ショッピングモールで大休憩をとったのち、大浦天主堂、旧グラバー邸などを回った。ありきたりのコースだが、これまた修学旅行以来だ。そして出島に向かった。グラバー邸でガイドさんの話を盗み聞きすると、福山雅治さんのご実家が××で、彼は母親のためにタワーマンションの最上階を買ったが、母親は実家の方がいいとまだ実家に住んでいるとのこと。長崎の有名人は、さだまさしだと思っていたが、違ったようだ。

出島は良かった。前日、東横インホテルのすぐ近くにあるので覗いてみたが、入ろうとした入口が夕方で閉まっていた。正面入り口をさがすが分からなかった。私の出島は、島のはずだがぜんぜん島ではないのである。この日は、自転車なのでぐるぐる回って正面入り口を発見した。復元作業が進められており、一見の価値がある。羽ペンの展示実演もあった。ペン習字ののち、「あげます」というので羽ペンをくれるのかと思ったら、自分が書いたものをくれた。羽でバトミントンの羽を作るというコーナーもあったが残念ながら時間がなかった。

出島を出るとき武士姿のガイドさんがいろいろ教えてくれた。出島正面入り口の前には現在二〇メートルほどの川があるが、昔は五メートルほどの川だったとのこと、また現在は出島の周りはすべて埋め立てられていて、陸の一部になっているが、前の川も含めて明治期に川の拡張、道路のために出島の一部を接収（？）されたりして、江戸時代の出島の方が少し大きかったとのことだ。

二三日は集会当日。会場の勤労福祉会館あたりは徒歩と自転車でうろうろしたところなので最短コースを歩いていった。市電が市役所の下のトンネルを通っていたりして結構複雑なのである。私は司会担当、タイムキーパーの中田光信事務局長とのコンビで会を進め、現地の参加者から「よくまあうまく時間通りに終わりましたね」と褒められて気分を良くして懇親会会場に向かった。そして懇親会の２次会などなど。

二四日はフィールドワークで、午前九時に岡まさはる記念館に集合した。岡まさはるさんは生前学生センターの朝鮮史セミナーかキリスト教セミナーできていただいたことがある。右翼の攻撃をもろともせず元気溌剌の、こんな牧師さんもいるのかとびっくりしたことを覚えている。

記念館見学ののち、市電でフィールドワークに出発した。自転車でまちがっていった終点・

岡まさはる記念館

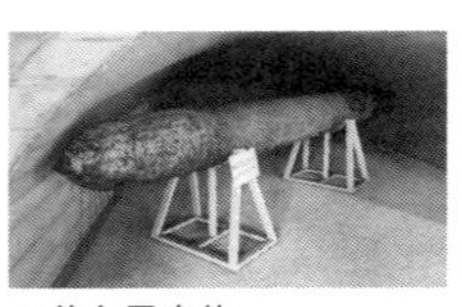

三菱魚雷実物

トンネル前記念写真

赤迫のすぐ近くに「三菱兵器住吉トンネル工場跡」があった。爆心地から二・三キロ、現在は商業施設や住宅街が広がる住吉町と赤迫町の中間部の山腹にそれがある。三〇〇メートルのトンネルが六本もある。一九四四年から四五年にかけて米空軍・B29爆撃機などの激しい空襲をさけて安全に航空用の魚雷生産をするために作られた地下工場の跡である。予想以上に大規模なものだった。二〇〇七年に長崎市が市民団体の保存要請を受けて一、二号トンネルの入り口を保存し看板も設置している。少しだけ中にはいることができる。

　建設工事には多くの朝鮮人も動員された。二〇一〇年三月三〇日の一般公開のときにここを訪れた金鍾基（キムジョンギ）さん（八二歳）は、以下のように語っている。

「一九四五年二月、出身地の韓国・忠清南道の村落を通行中、日本の官憲から捕縛され、多数の若者と共に広場に集められました。そして、家族に別れを告げることもなくトラックに乗せられ、釜山から石炭船に詰め込まれて日本へと連行されました。……一日八～一〇時間、二交代または三交代制で昼夜の区別なく、トンネル掘りと土石の運搬をさせられました。……工事監督からは始終怒鳴られ、不満一つ出せず、家畜のように従うだけでした」

防空壕跡

朝鮮人被爆者追悼碑

長崎ちゃんぽんの昼食ののち、再び市電で平和公園に移動した。まずは、朝鮮人被爆者追悼碑だ。先の岡まさはるさんらのグループが一九七九年に建立したものだ。裏面には「強制連行および徴用で重労働に従事中被爆死した朝鮮人とその家族のために」とある。毎年八月九日の早朝に追悼集会が開かれているとのこと、早朝にしているのは、その後他の行事にも参加できるように配慮しているためだ。一度、参加してみたい。

護岸工事現場より出土した壁には、熱線のあとがのこされており、保存運動によってその一部が保存されていると説明があった。また、移築された灯篭で、水爆側と反対側で石の融解状況が一目瞭然という聖徳寺の灯篭も移築展示されていた。

平和公園のエスカレーター乗り場付近には防空壕の跡が今も残されている。エスカレーターにのり、「中国人原爆被害者追悼碑」、公園内そのものにあった浦上刑務所跡を見学した。発掘作業であらわれたレンガ等がそのまま残されている。まさに平和公園はこの刑務所跡につくられたと言えるものだ。

刑務所跡の土台部分が現在も残されており、刑務所の大きさや威圧感を示すものだが、なぜか柵と南京錠があり、回り込むことができるが普通に見学できないようになっていた。

ちょうどこの時期に長崎のキリシタン遺跡が世界遺産に認定されるということで、マスコミにも大きく取り上げられた。私もクリスチャンのはしくれとして、興味をもっている。浦上天主堂では隠れキリスタンが禁がとけたのち日本を訪ねた神父に、「実は私たちは信仰を同じくする信徒です」と名乗ったエピソードに感動したりもした。だが、世界遺産はそのような正の面だけではない、負の意味も考えなければならない。今回の真相究明ネット長崎集会のテーマが軍艦島に象徴される「明治産業革命遺産」が富国強兵、植民地支配、アジア侵略へとつながることを考えることが必要である。

（『むくげ通信』289号、2018・7・29）

あとがき

本の題名は、「再論　朝鮮人強制連行」としました。ですが、「論」というほどに朝鮮人強制連行問題を本格的に論じたものではありません。実は、当初は書名を「『朝鮮人強制連行の記録』、その後」とすることにしていました。『朝鮮人強制連行の記録』は本書に何度も出てくる朴慶植先生の著書です。もちろん私が朴慶植先生の後継者だというつもりはありませんが、朴先生が先鞭をつけられた朝鮮人強制連行問題を私なりに追いかけた記録という意味を込めたものでした。でも、このような書名ではマニアックすぎるでしょう。そこで少々恥ずかしいのですが、「再論・朝鮮人強制連行」とさせていただいた次第です。

朝鮮人強制連行に関連しての講演の記録、『むくげ通信』等に書いたものを収録しました。講演に関してはこのような機会を与えてくださり、その後大変なテープ起こしをして冊子にしてくださった方々には本当に感謝しています。ありがとうございました。また、定期発行の『むくげ通信』（隔月刊）等に時々に書いてきたものが残っていたので、この本もできあがったのではないかと思います。毎回締め切りに追われる苦労がありましたが、いまは『むくげ通信』発行のむくげの会や原稿依頼をしてくださった出版社の方々に感謝しています。

前著『心に刻み、石に刻む――在日コリアンと私』に続いて三一書房の高秀美さんにはお世話になりました。雑多な原稿をお送りしたものを上手に整理してくださいました。感謝しています。

朝鮮人強制連行の問題は調査研究もまだ多くの課題を残していますし、補償問題は更に多くも課題を今も抱えています。本書がその課題解決のために少しは役立つことを願っています。

2018年10月　飛田雄一

飛田 雄一（ひだ・ゆういち）
1950年、神戸生まれ。神戸大学農学部修士課程終了。公益財団法人 神戸学生青年センター館長。他に、在日朝鮮運動史研究会関西部会代表、強制動員真相究明ネットワーク共同代表、関西学院大学非常勤講師、むくげの会会員など。
著書に『日帝下の朝鮮農民運動』(1991年、未来社)、『朝鮮人・中国人強制連行・強制労働資料集』(金英達と共編、1990年版〜94年版、神戸学生青年センター出版部)、『現場を歩く現場を綴る―日本・コリア・キリスト教―』(2016年、かんよう出版)、『心に刻み 石に刻む』(2016年、三一書房)、『旅行作家な気分―コリア・中国から中央アジアへの旅―』(2017年、合同出版)、『時事エッセイ―コリア・コリアン・イルボン(日本)―』(2018年、むくげの会)ほか

カバー版画　角取 明子

再論 朝鮮人強制連行

2018年11月9日　　第1版第1刷発行
著　　者　飛田 雄一　
発 行 者　小番 伊佐夫
印刷製本　中央精版印刷
装　　丁　Salt Peanuts
D　T　P　市川 九丸
発 行 所　株式会社 三一書房
〒101-0051 東京都千代田区神田神保町3-1-6
☎ 03-6268-9714
振替 00190-3-708251
Mail: info@31shobo.com
URL: http://31shobo.com/

ISBN978-4-380-18011-8 C0036
Printed in Japan

心に刻み 石に刻む

在日コリアンと私

飛田雄一（神戸学生青年センター館長）

四六判　ソフトカバー　２４７頁　定価：本体１８００円＋税

戦後における植民地支配の未解決問題が横たわっている。
在日朝鮮人の法的地位の変遷とともに、今、改めて問う。

●書評

「出版ニュース」２０１７年2月上旬号《Book Guide》—著者の人柄がにじみでた自叙伝として—
「神戸新聞」２０１６年12月25日《ひょうご選書》—多文化共生の一断面—
「ふぇみん」２０１７年1月15日《書評》—知っておくべきことが満載の一冊—

●もくじ

巻頭インタビュー（聞き手：川瀬俊治）
第1章　総論
私の市民運動〝ことはじめ〟そしてそれから
第2章　歴史編
一九六一年・武庫川河川敷の強制代執行
解説『特殊労務者の労務管理』
アジア・太平洋戦争下、神戸港における朝鮮人・中国人・連合国軍捕虜の強制連行・強制労働
第3章　法的地位
サンフランシスコ平和条約と在日朝鮮人——一九五一・九・八〜五二・四・二八
入管令改正と在日朝鮮人の在留権
在日朝鮮人と指紋——押なつ制度の導入をめぐって
ＧＨＱ占領下の在日朝鮮人の強制送還
難民条約発効より二〇年—改めて日本の難民政策を考える—
在日朝鮮人（一九四五〜五五年）

ヘイト・クライムと植民地主義

反差別と自己決定権のために

木村 朗
前田 朗 共編

植民地主義を克服するために、18名の執筆者が歴史と現在を往還。
差別と暴力支配の重層構造から私たちはいかにして脱却するのか!?

四六判　303頁
本体2300円
978-4-380-18003-3

一　序論
　1　前田　朗／私たちはなぜ植民地主義者になったのか

二　植民地主義――差別とヘイトの根源を問う
　2　中野敏男／「継続する植民地主義」という観点から考える沖縄
　3　香山リカ／ネット社会のレイシズム状況
　4　安田浩一／ヘイトのこちら側と向こう側
　　一この社会を壊さないために
　5　野平晋作／日本の植民地主義の清算とは何か
　　一沖縄、「慰安婦」問題への向き合い方を通して
　6　乗松聡子／自らの植民地主義に向き合うこと
　　一カナダから、沖縄へ

三　在日朝鮮人に対する差別とヘイト
　7　金東鶴／「高校無償化」制度からの朝鮮学校除外に対する闘い
　8　辛淑玉／「ニュース女子」問題とは何か
　9　朴金優綺／差別とヘイトに抗して
　　一人種差別撤廃委員会への訴え

四　アイヌに対する差別とヘイト
　10　結城幸司／差別に抗するアイヌ民族
　11　清水裕二／アイヌ人骨帰還問題をめぐるコタンの会の報告
　12　石原真衣／「サイレント・アイヌ」と自己決定権のゆくえ

五　琉球に対する差別とヘイト
　13　島袋　純／琉球・沖縄に対する差別に抗して
　14　髙良沙哉／琉球・沖縄における植民地主義と法制度
　15　新垣　毅／沖縄の自己決定権を求めて
　16　宮城隆尋／奪われた琉球人遺骨
　17　松島泰勝／新たなアジア型国際関係における琉球独立
　　一日米安保体制からの解放を求めて

六　結論
　18　木村　朗／沖縄（琉球）差別の起源と沖縄問題の本質を問う一グローバル・ファシズムへの抵抗と植民地主義への告発

ひとり

キム・スム著　岡裕美訳　四六判ソフトカバー　２０００円

韓国において、現代文学賞、大山文学賞、李箱文学賞を受賞した作家、キム・スムの長編小説。

歴史の名のもとに破壊され、打ちのめされた、終わることのない日本軍慰安婦の痛み。

その最後の「ひとり」から小説は始まる……　慰安婦は被害当事者にとってはもちろん、韓国女性の歴史においても最も痛ましく理不尽な、そして恥辱のトラウマだろう。

プリーモ・レーヴィは「トラウマに対する記憶はそれ自体がトラウマ」だと述べた。１９９１年8月14日、金學順ハルモニの公の場での証言を皮切りに、被害者の方々の証言は現在まで続いている。その証言がなければ、私はこの小説を書けなかっただろう……（作者のことばより）

ソウル１９６４年 冬
—金承鈺短編集—

金承鈺著　青柳優子訳　四六判ハードカバー　２２００円

本邦初刊行。金承鈺自選短編集。

朝鮮戦争停戦後李承晩大統領が権力を掌握し続ける中、１９６０年にはそれまでの政治の腐敗に憤って立ち上がった学生によって4・19学生革命が大統領の下野というかたちで成功する。しかし、翌年5月には軍事クーデターが起きて軍事独裁政権に。政権に批判的な人士はスパイ・容共主義者の烙印が押されて連行され、過酷な尋問に苦しめられることも多々あった。厳しい軍事独裁政権を生きぬいた秘かな芸術的抵抗としての代表作『ソウル１９６４年 冬』。これこそ、金承鈺文学の特徴であり特筆すべきものである。初訳の6作と新訳の3作を収める。

ボクの韓国現代史 1959-2014

ユ・シミン著　萩原恵美訳
四六判　2500円

文在寅とともに盧武鉉政権を支え、今も若者を中心に絶大な人気を誇る論客が書下ろした書。
今もロング&ベストセラーが待望の邦訳出版！

同時代を息を切らしつつ駆け足で生きてきたすべての友へ

「現代史を語る際にはリスクが伴う…… 人生において安全であることはきわめて大事だ。だが引き受けるだけの価値のあるリスクをあえて取る人生もそう悪くはないと思っている。僕はそんな思いを胸に僕自身が目の当たりにし、経験し、かかわった韓国現代史を書いた。一九五九年から二〇一四年までの五五年間を扱ったから、「現代史」というより「現在史」または「当代史」というほうが適当な表現かもしれない。冷静な観察者ではなく苦悩する当事者として僕らの世代の生きた歴史を振り返った。ないものをでっちあげたり事実を捻じ曲げたりする権利は誰にもない。だが意味があると考える事実を選んで妥当だと思える因果関係や相関関係でくくって解釈する権利は万人に与えられている。僕はその権利を精一杯の思いをこめて行使した」（「はじめに」より）

▽もくじ：日本語版読者へ／はじめに　リスキーな現代史／プロローグ　プチブル・リベラルの歴史体験／第1章　歴史の地層を横断する　1959年と2014年の韓国／第2章　4・19と5・16　難民キャンプで生まれた二卵性双生児／第3章　経済発展の光と影　絶対貧困、高度成長、格差社会／第4章　韓国型の民主化　全国的な都市蜂起による民主主義政治革命／第5章　社会文化の急激な変化　モノトーンの兵営から多様性の広場へ／第6章　南北関係70年　偽りの革命と偽りの恐怖の敵対的共存／エピローグ　セウォル号の悲劇、僕らの中の未来